광고급 촬영법과
보정법, 누끼,
GIF사진, 조명,
리터칭,
스타일링

한 권으로 끝내는 스마트폰 제품사진

인플루언서
쇼핑몰 운영자
필독서

제품의 가치를 높이는 고퀄리티 제품촬영

한권으로 끝내는 스마트폰 제품사진

인플루언서
쇼핑몰 운영자
필독서

제품의 가치를 높이는 고퀄리티 제품촬영

초판 1쇄 인쇄 | 2023년 04월 05일

지 은 이 | 채수창
발 행 인 | 김병성
발 행 처 | 앤써북
편 집 진 행 | 조주연
주   소 | 경기 파주시 탄현면 방촌로 548
전   화 | (070)8877-4177
팩   스 | (031)942-9852
등   록 | 제382-2012-0007호
도 서 문 의 | answerbook.co.kr

I S B N | 979-11-981892-4-0 13000

※ 책값은 뒤표지에 있습니다.
※ 잘못된 책은 구입한 서점에서 바꿔 드립니다.

안내 드립니다!

• 이 책에 내용을 기반으로 실습 및 운용 결과에 대해 저자, 소프트웨어 개발자 및 제공자, 앤써북 출판사, 서비스 제공자는 일체의 책임 지지 않음을 안내드립니다.
• 이 책에 소개된 회사명, 제품명은 각 회사의 등록 상표 또는 상표이며 본문 중 TM, ©, ® 마크 등을 생략하였습니다.
• 이 책은 소프트웨어, 플랫폼, 서비스 등은 집필 당시 최신 버전으로 설명하였습니다. 단, 독자의 학습 시점에 따라 책의 내용과 일부 다를 수 있습니다.

Prologue

머리말

제품사진은 마케팅을 하는 부분에서나 광고에서 아주 중요한 부분입니다. 좋은 제품 사진은 물건을 구매하려는 사람들의 구매 욕구를 자극하고 호기심을 불러 일으켜, 결국에는 매출로 이어지게 만드는 요소입니다. 즉, 좋은 제품사진은 고객과의 첫 번째 접점이기 때문에 매출과 직결된다고 볼 수 있습니다.

제품사진은 단순하게 제품만을 촬영하는 것이 아닙니다. 제품을 정확하게 표현하고 조명이나 구도, 스타일링 등을 철저하게 계획하고 촬영해야 합니다. 상세 페이지라고 알려진, 제품 안내 페이지에서 어떻게 보일지 생각하고 촬영해야 합니다. 오늘날 대부분 온라인으로 제품을 판매하는 업체가 다수인 경우에는, 잘 찍은 고품질의 제품사진에 대한 수요가 매우 높습니다.

이 책을 쓰게 된 이유는, 전문가가 아니더라도 또는 전문적인 장비가 없더라도 제품사진을 쉽게 촬영할 수 있는 종합적인 가이드를 하고 싶었기 때문입니다. 전문 카메라가 아닌 스마트폰 만으로도 고품질의 제품사진을 촬영할 수 있도록 구성했습니다. 기본적인 준비물부터, 제품사진을 촬영할 때 신경써야 할 여러 부분들과 세부 내용까지 다뤘습니다.

목차에 나와 있는 것처럼, 단지 스마트폰 제품사진 촬영에 한정하지 않고, 사진 전반에 걸쳐서 제품사진을 촬영할 수 있도록 일반적인 부분을 다뤘습니다. 학습목표에 따른 중요 점들을 살펴보고, 실천과제들을 따라하다 보면 어느새 제품사진 촬영 전문가가 되어 있을 것입니다. 물론 제품사진을 위한 스타일링과 , 후 보정도 다루고 있으며, 음식사진을 주제로 설정해서 전체적인 구성도 했습니다.

다른 사진들과 달리 제품사진은 특정한 피사체에 초점을 맞추고 있습니다. 촬영하는 사람은 제품의 색상이나 질감, 모양, 주변 소품, 스타일링에 주의를 기울여야 합니다. 이렇게 촬영된 제품사진이 잠재 고객의 욕구를 충족시켜야 합니다. 제품사진은 매출과 직결되는 것이기 때문입니다. 제품사진의 특징과 촬영 방법에 대한 이해를 바탕으로 고품질의 제품사진을 만드는 것, 이것이 내 제품의 매출을 높이는 방법입니다.

채수창

Reader Support Center
독자 지원 센터

독자 지원 센터는 책 소스 파일, 독자 문의 등 책을 보는데 필요한 사항을 지원합니다. 앤써북 공식 카페에서 [카페 가입하기] 버튼을 눌러 간단한 절차를 거쳐 회원가입 후 독자 지원 센터를 이용할 수 있습니다.

책 소스 및 정오표 파일

이 책과 관련된 실습 소스 및 정오표 파일은 앤써북 카페에 접속한 후 [도서별 독자 지원 센터]–[한 권으로 끝내는 스마트폰 제품 사진] 게시판을 클릭합니다. 〈한권으로 끝내는 스마트폰 제품 사진〉 책 소스 및 정오표입니다." 게시글을 클릭한 후 안내에 따라 다운로드 받으시면 됩니다.

- 앤써북 네이버 카페 : https://cafe.naver.com/answerbook
- 책 전용 게시판 바로가기 주소 : https://cafe.naver.com/answerbook/menu/207

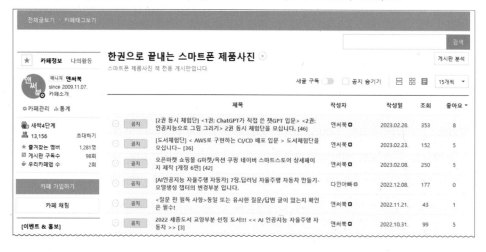

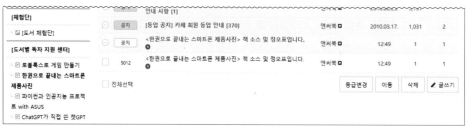

▶ 안내 드립니다.
이 책에서 제공되는 실습 동영상의 QR코드 또는 주소(URL)가 접속이 되지 않을 경우 '한 권으로 끝내는 스마트폰 제품사진' 책 소스 및 정오표 파일을 참조합니다.

이 책과 관련된 궁금한 내용은 앤써북 공식카페에서 질문과 답변 받을 수 있습니다.

질문하기 위해서 [도서별 독자 지원 센터]–[도서별 독자 지원 센터]–[한권으로 끝내는 스마트폰 제품 사진] 게시판을 클릭합니다. 우측 아래의 [글쓰기] 버튼을 클릭한 후 제목에 다음과 같이 "[문의] 페이지수, 질문 제목"을 입력하고 궁금한 사항은 아래에 작성 후 [등록] 버튼을 클릭하여 등록합니다. 등록된 질의 글은 저자님께서 최대한 빠른 시간에 답변드릴 수 있도록 안내드립니다. 단, 책 실습과 직접적인 연관성이 없는 질문, 답변이 난해한 질문, 중복된 질문, 과도한 질문 등은 답변 드리지 못할 수 있음을 양해 부탁드립니다.

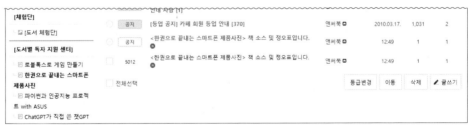

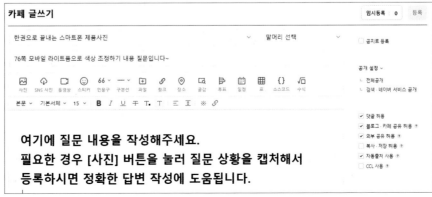

여기에 질문 내용을 작성해주세요.
필요한 경우 [사진] 버튼을 눌러 질문 상황을 캡처해서
등록하시면 정확한 답변 작성에 도움됩니다.

Contents
목차

PART I 제품 사진을 위해 먼저 알아야 할 것들

01 화이트 밸런스 및 노출 · 초점 조절, 스마트폰 카메라 세팅 · 16

01-1 더 좋은 제품 사진을 위한 스마트폰 카메라 세팅 · 16

파일 포맷 설정 · 16

아이폰 파일 포맷 설정 · 17

그리드(수직·수평 안내선, 격자) 설정 · 18

스마트 HDR 활성화 · 19

01-2 제품 사진의 색을 살리는 화이트 밸런스 · 19

화이트 밸런스란? · 19

01-3 스마트폰 카메라 노출 및 초점 조절 방법 · 21

갤럭시 프로모드에서 초점 및 노출 조절하기 · 21

노출 조절 및 사용 · 23

아이폰 카메라에서 초점 및 노출 조절하기 · 24

02 노출의 3요소와 피사계심도 · 26

02-1 노출의 3요소 · 26

노출이란 무엇인가? · 26

노출의 3요소 · 27

빛의 양을 시간적으로 조절하는 셔터 스피드 · 29

빛에 대한 이미지 센서의 민감도를 나타내는 ISO · 30

02-2 사진에서 선명도를 나타내는 피사계심도 · 32

피사계심도란 무엇인가? · 32

피사계심도에 영향을 미치는 3가지 요소 · 34

03 갤럭시, 아이폰 인물 사진 모드를 활용한 제품 사진 촬영 · 36

03-1 갤럭시 인물 사진 모드 · 36

03-2 아이폰 인물 사진 모드 · 39

심도조절 기능 · 39

인물 사진 조명 효과 · 40

04 JPEG vs RAW, 어떤 것으로 촬영해야 할까요? · 42

04-1 스마트폰 사진 RAW 파일로 찍어야 하는 이유 · 42

RAW 파일 vs JPEG 파일 · 43

스마트폰에서 RAW(DNG : Adobe RAW 파일 형식) 파일 형식 · 46

RAW 파일 변환 및 보정 · 46

05 좋은 제품 사진을 위해 먼저 살펴야 할 것들 · 48

05-1 상세 페이지를 생각하고 촬영 계획을 수립한다 · 48

05-2 촬영할 제품의 성질을 파악한다 · 49

05-3 제품의 가장 좋은 각도를 찾는다 · 50

05-4 배경과 조명 방법을 결정한다 · 50

05-5 _ 세팅 변화 없이 다양한 구도로 촬영한다 · 51

제품 사진을 더욱 돋보이게, 스마트폰 사진 보정법

01 스냅시드(Snapseed) 후 보정 · 54

01-1 스냅시드 설치 및 기본 메뉴 살펴보기 · 54

스냅시드 설치하기 · 54

스냅시드 메뉴 구성 · 55

01-2 스냅시드로 사진 보정하기 · 57

흰색을 흰색답게 만드는 보정 · 57

제품 사진 색상 보정 · 58

Contents

목차

02 모바일 라이트룸에서 색상 조정하기 · 64

　02-1 모바일 라이트룸의 설치 및 메뉴 · 64

　　모바일 라이트룸 설치 · 64

　　스냅시드에 없는 모바일 라이트룸 메뉴 · 65

　02-2 모바일 라이트룸으로 색상 조정하기 · 66

PART III

제품 사진 배경 제거 및 GIF 만들기

01 배경 제거(누끼 사진) 하기 · 72

　01-1 제품 사진 배경을 쉽게 지우는 방법 · 72

02 GIF(움직이는 사진) 만들기 · 76

　02-1 간단하게 움직이는 사진 만들기 · 76

　02-2 어플 이용해서 움직이는 사진 만들기 · 79

PART IV

제품 사진 고급스럽게 만드는 구도 및 조명법, 스타일링

01 제품 사진 구도의 기본 · 82

　01-1 남다른 사진을 위한 구도와 구성 · 82

　　구도의 3가지 기본 조건 · 83

　　좋은 구도를 위한 기본 원칙 · 86

　01-2 제품 사진을 위한 구도의 종류 · 94

　　3분할 구도 · 94

골든라이앵글 구도 · 94

수평선·수직선·대각선 구도 · 96

02 빛의 이해와 종류 · 99

02-1 제품 사진 촬영을 위한 빛의 이해 · 99

02-2 빛의 성질에 따른 분류 · 99

직사광 · 99

확산광 · 100

인물 사진과 풍경 사진에 최적의 및 매직 아워 · 100

02-3 방향성에 따른 빛의 분류 · 102

정면광(순광) · 102

사광 · 103

측면광 · 103

역광 · 104

제품 사진에 좋은 빛, 역사광 · 105

02-4 역할에 따른 빛의 분류 · 106

주 조명(Main Light) · 106

보조 조명(Fill Light) · 106

백라이트(Back Light) · 106

배경 조명(Background Light) · 107

탑 라이트(Top Light, Head Light) · 107

02-5 빛을 잘 사용하려면 · 108

03 제품 사진은 스타일링이다 · 109

03-1 스타일링이 무엇인가? · 109

03-2 스타일링을 잘 하려면? · 110

04 스타일링의 법칙 · 116

04-1 푸드 스타일의 법칙 · 116

04-2 푸드 스타일링의 기본 4가지 · 119

Contents
목차

상품 매출을 올리는 실전 촬영 및 보정법

01 스마트폰 제품 사진 촬영 기획하기 · 126

01-1 스마트폰 제품 촬영 전 기본 준비사항 · 126

제품 사진 촬영 전 알아야 할 것들 · 126

어떻게 촬영할까? · 128

스마트폰 인물 사진 모드와 줌 기능의 사용 · 128

조명은 어떤 것을 선택해야 하는가? · 130

스마트폰 제품 사진을 위한 촬영 준비물 · 130

01-2 제품 사진 촬영 계획하기 · 133

제품별 필요 이미지 및 준비물 리스트 업 하기 · 133

02 제품 사진 촬영 기본 조명법 · 136

02-1 빛의 법칙 · 136

빛의 성질 · 136

정반사와 난반사 · 137

02-2 제품 사진에 주로 쓰이는 조명법 · 138

자연광(윈도우 라이팅) · 138

1점 조명 : 머리 위에서 아래로 떨어지는 조명 · 138

1점 조명 + 반사판 · 139

2점 조명 : 반사 제품을 위한 조명 · 139

2점 조명 : 제품 사진을 위한 일반적인 역사광 조명 · 140

3점 조명 : 제품의 전면 디테일을 살리는 조명 · 140

3점 조명 : 투명한 제품의 윤곽을 살리는 조명 · 141

3점 조명 : 입체감과 공간감을 살리는 조명 · 141

03 반사판 및 디퓨저, 그림자 소품 만들기 · 143

　03-1 반사판 만들기 · 143

　　빛을 반사하는 흰색 반사판 · 143

　　빛을 흡수, 차단하는 검은색 반사판 · 143

　03-2 디퓨저 만들기 · 145

　03-3 그림자 효과 소품 만들기 · 146

　　제품 사진의 그림자 효과 소품 만들기 · 146

04 흰색 배경 제품 사진 촬영 · 148

　04-1 제품 사진의 기본, 밝은 배경 촬영법 · 148

　　흰색 배경은 제품을 돋보이게 하고, 시선 분산을 막는다 · 149

　　흰색 배경은 제품을 제거하거나 편집하기가 쉽다 · 149

　04-2 흰색 배경에서 제품 사진 촬영하는 방법 · 149

　　자연광에서 흰색 배경 촬영법 · 149

　　조명이 2개일 때 흰색 배경 촬영법 · 149

　　조명이 3개일 때 흰색 배경 촬영법 · 151

　04-3 흰색을 더욱 흰색답게 보정하는 방법 · 152

05 어두운 배경 제품 사진 촬영 · 157

　05-1 제품을 고급스럽게, 어두운 배경 촬영법 · 157

　　빛(조명)은 최소한 사용이 원칙이다 · 157

　　빛은 최소한으로 사용하면서도 제품은 밝게 촬영하는 방법을 알아야 한다 · 157

　　검은색을 카메라에서 검은색으로 인식하지 못한다 · 158

　　제품과 배경과의 거리가 중요하다 · 158

　　배경으로 사용되는 배경 재질도 중요하다 · 158

　05-2 어두운 배경에서 제품 사진 촬영하는 방법 · 158

　　가장자리를 살리는 림(Lim 혹은 엣지, Edge : 테두리) 라이팅 · 158

　　조명 2개를 이용한 촬영법 1 · 159

Contents

목차

조명 2개를 이용한 촬영법 2 · 160

조명 2개를 이용한 촬영법 3 · 161

05-3 어두운 색상을 살리는 보정 방법 · 162

06 제품을 살리는 배경 선택 · 164

06-1 제품을살리는 배경의 활용 · 164

단순한 배경으로 제품을 강조한다 · 164

유사색과 보색 배경을 사용한다 · 165

유사색과 보색을 이용한 제품 사진 촬영 · 169

서로 다른 색상의 배경을 섞어서 사용한다 · 169

그러데이션으로 깊이를 강조한다 · 170

파스텔 톤 배경으로 화사한 느낌을 더한다 · 170

대비를 적극 활용합니다 · 171

06-2 색상을 살리는 후 보정 방법 · 172

색상 보정 · 172

07 투명한 유리 제품 촬영법 · 174

07-1 1개의 조명으로 유리 제품 촬영법 · 174

흰색 배경에서 1개의 조명으로 유리 제품 촬영 · 174

검은색 배경에서 1개의 조명으로 유리 제품 촬영 · 175

07-2 2개의 조명으로 유리 제품 촬영법 · 176

흰색 배경에서 2개의 조명으로 유리 제품 촬영 · 176

검은색 배경에서 2개의 조명으로 유리 제품 촬영 1 · 177

검은색 배경에서 2개의 조명으로 유리 제품 촬영 2 · 178

08 음식을 더 맛있게 촬영하는 방법 · 179

08-1 음식이 맛있게 보이는 각도와 구도를 찾아라 · 179

08-2 빛이 음식을 비추는 방향을 파악해라 · 180

음식 사진에서 부드러운 확산광이 좋다 · 180

순광보다는 사광과 역사광이 좋다 · 180

08-3 인물 사진 모드를 활용해 음식을 강조하고 배경을 분리시켜라 · 181

08-4 화이트밸런스 조절로 음식의 색을 살려라 · 182

08-5 음식 사진을 위한 조명법 · 183

　　측면광을 이용한 음식 사진 · 183

　　역사광을 이용한 음식 사진 · 184

09 제품 사진별 촬영 방법 분석 · 186

09-1 육류 제품 촬영 · 186

09-2 아보카도 촬영 · 187

09-3 당근 촬영 · 189

09-4 김치 촬영 · 190

09-5 귤과 레몬 촬영 · 191

09-6 피망 촬영 · 192

09-7 쌀(가공) 촬영 · 193

09-8 딸기 촬영 · 194

09-9 쥬얼리 제품(보석, 시계) 촬영법 · 195

　　검은색 배경일 때 · 195

　　흰색 배경일 때 · 196

09-10 의류 제품 촬영법 · 197

　　의류의 질감을 살리는 조명법 · 198

　　전체와 디테일 촬영을 위한 조명법 · 199

09-11 색깔 있는 음료 촬영법 · 200

09-12 가죽 제품 촬영법 · 203

09-13 안경, 선글라스 촬영법 · 204

제품 사진을 위해
먼저 알아야 할 것들

01 화이트 밸런스 및 노출 · 초점 조절, 스마트폰 카메라 세팅
02 노출의 3요소와 피사계심도
03 갤럭시, 아이폰 인물 사진 모드를 활용한 제품 사진 촬영
04 JPEG vs RAW, 어떤 것으로 촬영해야 할까요?
05 좋은 제품 사진을 위해 먼저 살펴야 할 것들

01 화이트 밸런스 및 노출 · 초점 조절, 스마트폰 카메라 세팅

1 스마트폰 카메라 기본 세팅 방법

2 디지털 사진에서 중요한 화이트밸런스의 이해

3 스마트폰 카메라의 노출 및 초점 조절 방법

01-1 더 좋은 제품 사진을 위한 스마트폰 카메라 세팅

파일 포맷 설정

❶ 갤럭시 스마트폰 파일 포맷 설정

스마트폰 카메라 기본 설정에서 가장 먼저 할 일은 해상도를 조절하는 파일 포맷을 설정하는 일입니다. 이전 스마트폰 카메라들은 해상도를 조절할 수 있는 방법을 쉽게 찾을 수 있었습니다. 이제는 해상도 설정 변경을 찾으려고 해도 더 이상 해상도 변경 메뉴는 안보입니다. 삼성은 '기능 간소화에 따른 사진 촬영 해상도 설정 기능은 지원하지 않습니다'라고 명시하고 있습니다.

(1) 파일 포맷 설정 첫 번째 방법은, 갤럭시 스마트폰은 사진 모드에서 화면 비율을 변경해서 촬영을 하면 됩니다. 갤럭시 스마트폰 사진 모드에서 화면 비율을 변경하는 방법은 아래와 같습니다.

- 갤럭시 스마트폰에서 '카메라' 어플을 켭니다.
- 위쪽에 나오는 아이콘 중에서 중간의 '3:4'를 클릭합니다(사진 1).
- 3:4(108MP), 3:4와 9:16, 정사각형 1:1, Full 등 화면 비율을 조절할 수 있습니다.
- 스마트폰은 일반적으로 3:4로 설정되어 있습니다. 화면이 시원스럽게 보이는 9:16이 더 큰 사이즈 같지만 실질적으로는 3:4가 9:16보다 더 큰 파일입니다(사진 2).

| 사진 1 | 사진 2 | 사진 3 | 사진 4 |

(2) 파일 포맷 설정 두 번째 방법은, 카메라 설정에 들어가서 '파일 포맷(사진 형식: 사진 3)'을 RAW 파일로 설정(사진 4)하는 것입니다. RAW 파일이 무엇인지, JPEG와는 어떻게 다른지, 왜 RAW 파일 설정을 해야 하는지에 대해서는 다음 단원에서 자세히 다루겠습니다.

아이폰 파일 포맷 설정

아이폰은 카메라 메뉴가 아닌 설정에서 포맷 변경이 가능합니다. 카메라 메뉴에서 제일 상단의 포맷 부분으로 들어갑니다. 포맷의 높은 호환성에 체크를 합니다. 설정이 끝나면 사진은 고화질로 촬영이 됩니다. 설정 없이 촬영한 파일과 설정을 끝낸 후 사진 파일의 크기 차이는 두 배 정도 됩니다. 아이폰은 높은 호환성 아래에 있는 Apple ProRAW를 활성화해서 JPEG와 RAW 파일을 쉽게 변환하면서 촬영할 수 있습니다.

아이폰 카메라 포맷 설정 : 설정/카메라/포맷/높은호환성-ProRAW

그리드(수직 · 수평 안내선, 격자) 설정

그리드(갤럭시에서는 수직/수평 안내선, 아이폰은 격자)는 스마트폰 화면을 가로 3분할, 세로 3분할한 선입니다. 그리드는 더 좋은 느낌의 사진 촬영을 위해서 참고해야 할 안내선입니다. 그리드를 활성화함으로써 수직과 수평을 잘 맞출 수 있습니다. 사진에서 수평과 수직만 잘 맞아도 반은 성공한 사진입니다. 또한 사진 구도를 잡는데도 도움이 됩니다. 파일 포맷 설정과 마찬가지로, 갤럭시는 카메라에서, 아이폰은 설정-카메라에서 활성화하면 됩니다.

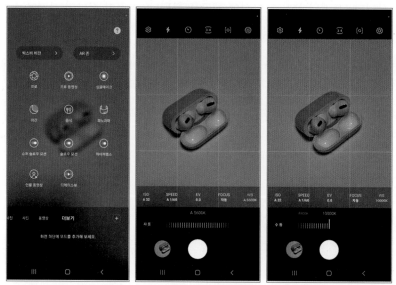

좌로부터 갤럭시 그리드 설정, 아이폰 그리드 설정, 그리드 설정 완료 화면

스마트 HDR 활성화

HDR은 High Dynamic Range의 약자입니다. 필름 카메라 시절의 브라케팅이란 개념을 디지털로 가져 온 것입니다. 브라케팅은 가장 밝은 곳과 어두운 곳의 노출 차이가 심할 경우 적정노출을 중심으로 위아래 각 한 장씩 더 찍는 방법을 말합니다. 이 방법을 디지털에서는 밝은 곳과 어두운 곳 사진을 여러 장 더해 한 장의 이미지로 합친 것을 HDR이라고 합니다. HDR 사진은 어두운 곳과 밝은 곳의 디테일을 살려서 좀 더 선명한 사진을 만듭니다. 스마트 HDR이 활성화되면 더 많은 색 영역을 제공합니다. 더 풍성한 느낌의 이미지를 원한다면 스마트 HDR이 항상 활성화 돼야합니다.

01-2 제품 사진의 색을 살리는 화이트밸런스

화이트밸런스란?

디지털 카메라에서 사진이나 영상을 촬영할 때 중요한 부분의 하나가 바로 '화이트밸런스 (Whitebalance)'입니다. 사진은 빛을 다루는 예술이라는 말을 많이 들으셨을 겁니다. 이때의 빛은, 빛을 발하는 물질, 즉 광원을 말합니다. 광원은 각자 고유의 색을 가지고 있는데, 사진이나 영상이 어떤 빛에서도 내 눈이 보는 것처럼 사물 고유의 색을 그대로 보이도록 조절하는 것이 중요합니다.

모든 카메라 기기는 사람의 눈처럼 빛의 색을 자동으로 받아들이지 못합니다. 사용자가 촬영하는 빛에 따라서 색온도를 카메라에 맞춰줘야 합니다. 같은 장소에서 촬영을 했는데, 편집을 하려고 이미지를 불러와 보니까 각각 색이 다르다면 난감합니다. 이 부분을 해결하기 위해서 들이는 시간과 노력도 만만치 않습니다. 이런 문제를 사전에 해결하기 위해 '화이트밸런스'에 대해 아는 것은 중요합니다.

스마트폰에서 자동으로 조절해주는 데 무슨 걱정이냐고 할 수 있습니다. 하지만 광원이 여러 개 섞이거나, 상황이 계속 바뀐다면 이 부분이 문제가 될 수 있습니다. 특히 제품이나 음식사진에서는 화이트밸런스 조절 실패로 제 색깔을 내지 못한다면 구매 욕구가 현저하게 떨어지는 것이 사실입니다.

촛불의 따뜻한 빛이나, 동트기 전 새벽, 해 지고 난 후의 푸른 빛, 한낮의 백색광선 등 다양한 색입니다. 색온도는 이런 빛의 색을 수치로 표현한 것입니다. 기준이 되는 빛이 한 낮의 태양광으로

5,500K°(캘빈도)로 나타냅니다. 색온도는 흰색과 검은색으로 조절하는데 흰색을 조절하는 방법이 '화이트밸런스'입니다. 기본적인 색온도를 알아두고 촬영할 때 신경 써야 합니다.

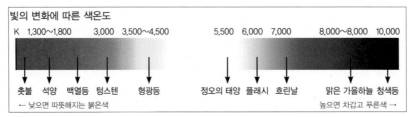

빛의 변화에 따른 색온도

색온도는 수치가 낮을수록 붉은색 계열이고, 수치가 높을수록 푸른색 계열입니다. 자동으로 사용할 수 있지만 갤럭시 프로모드에서는 수동으로 조절할 수 있습니다(아이폰은 수동 조절 기능이 없습니다). 흰색을 기준으로 내 눈이 보는 것과 비슷하게 사진의 색을 조절해야 합니다.

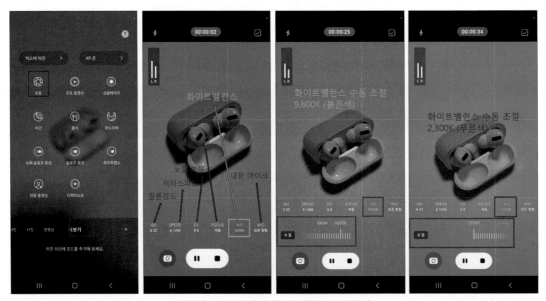

갤럭시 스마트폰에서 화이트밸런스 조절하기

- 카메라 어플을 열고 아래 메뉴 맨 오른쪽 '더보기-프로'를 선택합니다.
- 이미지를 수동으로 조절할 수 있는, ISO와 셔터 스피드, 노출 보정, 내장 마이크, 화이트밸런스가 보입니다.
- '수동' 부분을 터치하면 '자동'으로 바뀌면서 화이트밸런스를 자동으로 잡아 줍니다.
- 화이트밸런스를 '수동'에서 오른쪽(10,000 방향)으로 이동하면 붉은색으로, 왼쪽(2,300 방향)으로 이동하면 푸른색으로 화이트밸런스가 설정됩니다.
- 조명에 따라 화이트밸런스를 조절해서 눈에 보이는 흰색이 흰색답게 보이도록 조절합니다. 자동으로 해도 되지만 여러 조명이 섞인 상태에서는 수동 조절이 필요합니다.

01-3 스마트폰 카메라 노출 및 초점 조절 방법

사진에서 노출이란 조리개와 셔터 스피드, ISO로 빛의 양을 조절하는 것입니다. 빛을 양으로 조절하는 조리개와 빛이 이미지 센서에 들어오는 시간을 조절하는 셔터 스피드, 빛에 대한 이미지 센서의 민감도인 ISO를 숫자로 표현한 것입니다. 스마트폰 카메라는 노출을 자동으로 조절해 줍니다. 좀 더 내가 원하는 사진을 만들려면 수동으로 노출과 초점을 조절해야 합니다. 스마트폰 노출과 초점을 잘 맞추면 내 사진이 다른 사진과 달라집니다. 노출에 대한 이해와 노출의 3요소는 다음 단원에서 더 자세하게 설명하겠습니다.

스마트폰 카메라는 자동으로 촬영하다 보면 항상 알아서 평균노출을 맞춰 줍니다. 하지만 빛이 부족한 상황이나 일출, 역광 등에서는 노출을 조절하기가 힘듭니다. 이럴 때는 스마트폰 카메라가 알아서 해주는 자동을 버리고 수동이나 프로모드로 촬영해야 합니다. 수동과 프로모드 사용법을 익히면 미러리스나 DSLR 부럽지 않은 멋진 사진을 촬영할 수 있습니다. 갤럭시와 아이폰 최신 기종을 중심으로 메뉴를 하나하나 배워 보겠습니다.

갤럭시 프로모드에서 초점 및 노출 조절하기

❶ 초점 조절 및 사용

카메라를 열면 스마트폰 카메라가 자동으로 노출과 초점을 잡아줍니다. 하지만 전문가처럼 사진을 촬영하고자 한다면 프로모드를 활용해야 합니다. 카메라를 켰을 때 제일 우측의 '더보기' 메뉴를 누르고 '프로모드'를 누릅니다.

(1) 첫 번째로 카메라 초점 설정부터 살펴보겠습니다. 프로모드 화면에서 아래 메뉴에 있는 아이콘인 'FOCUS'를 누르면 초점을 자동과 수동으로 조절할 수 있습니다. 'FOCUS'를 누르면 A(자동)와 M(수동) 모드가 보입니다. 노란색으로 활성화된 A(자동)가 기본으로 되어있습니다. M(수동)을 누르고 아래 조절바(초점 게이지)를 조절하면 초점을 수동으로 조절할 수 있습니다.

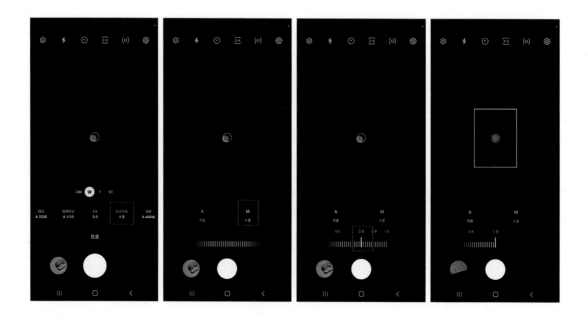

초점 게이지를 좌측 끝인 '0.0'으로 밀면 가까이 있는 물체에 초점을 맞출 수 있습니다. 근접 촬영은 최대한 가까이 다가가서 5㎝까지 가능합니다. 초점 게이지를 우측 끝인 '1.0'으로 밀면 멀리 있는 피사체에 초점을 맞출 수 있습니다. 가까운 피사체나 멀리 있는 피사체나 동일하게, 초점 게이지를 조절할 때, 초점이 맞으면 순간 초록색으로 변합니다. 초점이 맞은 초록색 표시는 순간적으로 나타났다가 없어지니까 잘 살펴야 합니다.

근거리 초점

원거리 초점

노출 조절 및 사용

노출 조절은 프로모드 화면에서 아래에 있는 메뉴 중, ISO와 SPEED 조절로 가능합니다. 일반 카메라에서는 조리개 조절이 가능하지만, 조리개가 대부분 고정되어 있는 스마트폰에서는 조리개 조절이 의미가 없어 조리개 조절 아이콘이 없어졌습니다. 'SPEED'라고 되어 있는 '셔터 스피드' 조절 아이콘을 누르면 노란색으로 활성화 됩니다. 자동으로 되어 있는 데, 조절 게이지를 우측으로 끝까지 움직이면 '30초', 좌측으로 끝까지 움직이면 '1/12,000초'까지 조절이 가능합니다.

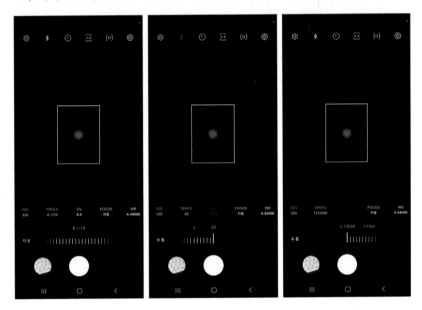

우측 게이지를 우측 1.0까지 올리면 저속 셔터 스피드로(30초), 좌측 0.0까지 내리면 고속 셔터 스피드로(1/12,000초) 바뀝니다. ISO가 동일한 경우에 저속 방향은 사진이 밝아지고 고속으로 갈수록 사진이 어두워집니다. SPEED를 조절하다 보면 따른 무엇인가가 바뀌는 것을 볼 수 있습니다. 바로 중간에 있는 'EV'입니다. EV(Exposure Value)는 '노출보정'이라고도 합니다.

노출 보정은 필름 카메라 시절부터 적용된 기술을 스마트폰에서도 그대로 사용한 것입니다.
노출 보정은 +2.0부터 −2.0까지 설정하도록 되어있는데, 0을 기준으로 −방향으로 내릴 경우 사진이 어두워지고, +방향으로 올릴 경우 사진이 밝아집니다. 이 기능이 있는 이유는 카메라가 피사체의 색상은 고려하지 않고 밝기만을 파악해서 노출을 결정하기 때문입니다.

갤럭시 스마트폰 카메라서 'EV'는 자동 및 수동 조절이 가능합니다. 사진에서 보시는 것처럼, 적정 노출이었을 때 '흰색'이었던 'EV' 값이 저속셔터스피드인 1.0일 때는 '회색'으로, 고속 셔터스피드인 0.0일 때는 '붉은색'으로 자동 조절 됩니다. 카메라에서 인식할 때 어두운 색 계열은 1.0쪽으로, 흰색이나 밝은색 계열은 0.0쪽으로 조절합니다. 물론 수동으로 조절도 가능합니다.

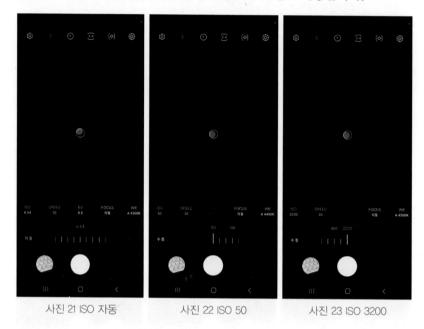

| 사진 21 ISO 자동 | 사진 22 ISO 50 | 사진 23 ISO 3200 |

다음으로 노출을 결정하는 3요소 중의 하나인 ISO 설정 방법입니다. '더보기-프로모드'에서 아래에 있는 메뉴 제일 왼쪽 'ISO'를 누릅니다. 처음 설정은 '자동'으로 되어 있는데 ISO 조절 게이지를 좌측 '50'까지 내리면 사진이 어두워지고, 우측 '3,200'까지 올리면 사진이 밝아집니다. ISO 값이 낮을수록 필요한 빛의 양이 많아져서 셔터 스피드인 'SPEED'가 느려집니다. ISO가 높을수록 셔터 스피드는 빨라집니다.

아이폰 카메라에서 초점 및 노출 조절하기

아이폰은 갤럭시보다 초점과 노출 조절 메뉴 구성이 단순합니다. 아이폰 카메라 앱을 열면 카메라가 자동으로 초점을 맞추고 노출을 조절해 줍니다. 특정 영역으로 노출과 초점을 바꾸고 싶을 때 카메라 화면에서 내가 원하는 부분을 길게 누르고 있으면 카메라 화면 상단에 '노출/초점 고정'이라고 노란색으로 표시됩니다.

이 상태에서 초점 영역을 이동하려고 하는 부분에 터치를 합니다. 길게 누르면 노란색 박스와 태양이 나타나는데 그 부분에 초점이 맞게 되고 초점 영역 박스 옆의 태양표시(☀)를 위 아래로 조절하여 노출을 변경합니다. 위로 이동하면 사진이 밝아지고 아래로 이동하면 사진이 어두워집니다.

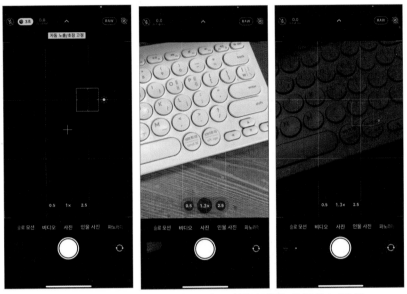

아이폰 노출 조절 : 좌로부터 노출, 초점 고정/중간 적정노출/우측 노출부족

1 스마트폰 카메라에서 제일 먼저 할 일은, 파일 포맷 설정과 그리드 (격자, 수평 · 수직 안내선) 활성화, 스마트 HDR 활성화입니다.

2 화이트밸런스는 흰색을 기준으로 모든 색의 색상을 눈으로 보는 것처럼 조절하는 방법입니다.

3 스마트폰에서 화이트밸런스는 수치가 낮을수록 붉은색 계열이고, 수치가 높을수록 푸른색 계열입니다.

4 사진에서 노출은 조리개와 셔터 스피드, ISO로 빛의 양을 조절하는 것입니다.

5 스마트폰에서 노출 조절은, 조리개가 거의 고정되어 있으므로 셔터 스피드와 ISO를 조절해서 노출을 결정합니다.

1 파일 포맷을 바꿔서 촬영해 보고, 파일 정보에서 어떤 차이가 있는지 확인해 보세요.

2 그리드(격자, 안내선)를 활성화 했을 때와 활성화하지 않았을 때, 수평과 수직을 맞추는데 어떤 영향이 있는지 알아보세요.

3 다양한 조명 아래에서 촬영해서 화이트밸런스 변화를 느껴보세요.

4 셔터스피드와 ISO를 수동으로 조절해서 사진이 어떻게 변화되는지 확인해 보세요.

02 노출의 3요소와 피사계심도

■1 사진에서 노출이 왜 중요한지에 대한 이해

■2 노출의 3요소의 관계 및 적정 노출에 대한 이해

■3 피사계심도의 이해 및 활용

02-1 노출의 3요소

노출이란 무엇인가?

노출은 사진의 절대적인 요소인 빛의 양을 조절하는 것을 말합니다. 노출을 결정한다는 것은 촬영할 때 적절한 밝기를 만들어 주는 것입니다. 노출이 부족하면 사진이 너무 어둡게 나오고 노출이 심하면 사진이 지나치게 밝게 나옵니다. 셔터 스피드와 조리개, ISO 등 세 가지 요소에 따라 노출이 결정됩니다. 노출을 결정하는 것은 셔터 스피드와 조리개, ISO입니다. 이 세 가지 요소에 의해 노출이 결정되는 것이고 이것을 노출의 3요소라고 합니다.

조리개와 셔터 스피드에 의해 광량이 조절되고, 여기에 ISO가 더해져서 사진의 밝기가 결정됩니다. 스마트폰 카메라는 대부분 조리개가 고정되어 있어 셔터 스피드와 ISO로 노출을 조정합니다. 노출은 사진에 촬영자의 의도를 담는 가장 기본적인 방법입니다. 사진의 깊이를 결정하는 다른 요소들을 배제한다면 노출을 조절하는 것이 가장 중요한 능력입니다. 사진의 가장 중요한 기본적인 요소인 노출의 3요소, 조리개와 셔터 스피드, ISO를 알아보겠습니다.

노출 부족　　　　　　적정 노출　　　　　　노출 과다

노출의 3요소

빛의 양을 물리적으로 조절하는 조리개

조리개는 카메라 렌즈를 통과하는 빛의 양을 물리적으로 조절하는 역할을 합니다. 조리개를 사람의 눈과 비교한다면 홍채와 같다고 할 수 있습니다. 너무 밝은 곳에서는 홍채를 조여서 빛을 조금 받아들이고, 어두운 곳에서는 홍채를 최대한 넓혀서 많은 빛을 받아들입니다. 카메라에서는 조리개가 바로 이런 역할을 합니다. 조리개를 조이거나 열어서 렌즈를 통해 이미지 센서에 도달하는 빛의 양을 조절하는 것입니다.

조리개는 F1.4, F2.8, F5.6 등으로 나타내는데(최근 스마트폰의 경우는 거의 F1.8–F2.2에 고정되어 있습니다) 이것은 렌즈의 초점거리를 조리개의 지름으로 나눈 값입니다. 'F= 렌즈의 초점거리/조리개의 지름'이기 때문에 조리개가 많이 열렸다는 것은 F값이 작아진다는 것입니다. 다시 말씀드리지만, 조리개는 조리개 구멍 크기를 통해 빛을 받아들이는 양을 조절합니다. F로 표시되는 수치가 낮을수록(F1.4 방향) 빛의 양이 많아지고, F 수치가 높을수록(DSLR의 경우 F16, 32 방향, 스마트폰의 경우는 F2.8 방향) 빛의 양이 줄어듭니다.

f 1.4	f 2	f 2.8	f 4	f 5.6	f 8	f 16

← 숫자가 낮을수록 커진다(개방)　　　　숫자가 높을수록 작아진다(조임)→

다시 말하면 F 뒤에 붙는 숫자가 작을수록 빛의 양이 많이 들어와 어두운 곳이나 밤에 촬영하기가 쉽습니다. F 뒤에 붙는 숫자가 클수록 들어오는 빛의 양이 줄어들어 빛을 조절하는 다른 두 가지 요소들을 조절해야 합니다. F 수치가 낮을수록 '조리개를 개방한다'고 하고, F 수치가 높을수록 '조리개를 조인다'고 합니다.

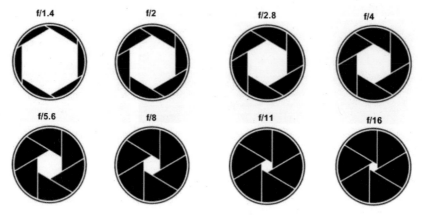

조리개 수치별 크기 비교: 완전 개방을 '1'로 보고 나타냄

조리개 개방

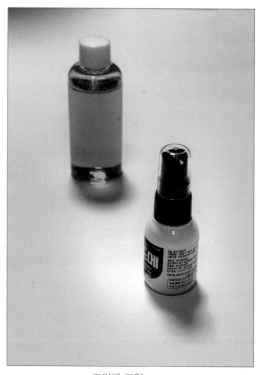

조리개 조임

조리개는 F 수치가 작을수록 초점이 맞는 영역이 좁아지게 되는데, 이 부분은 '피사계심도'와 관련이 있습니다. 피사계심도는 배경이 흐리게 날아간 인물 사진을 만들거나, 앞에서부터 멀리 보이는 뒷부분까지 선명하게 보이는 풍경 사진을 만드는데 중요한 것이므로 다음 장에서 다시 다룹니다.

빛의 양을 시간적으로 조절하는 셔터 스피드

셔터 스피드는 간단하게 말해서 셔터가 열려있는 시간입니다. 조리개가 빛의 양을 물리적으로 조절한다면 셔터 스피드는 빛의 양을 시간적으로 조절합니다. 조리개가 사람의 눈에서 홍채에 비유된다면, 셔터 스피드는 깜박거리는 눈꺼풀에 비유할 수 있습니다. 단, 사람의 눈과 다르게 셔터는 항상 닫혀 있다가 사진을 찍을 때 열리는 것이 다른 부분입니다.

셔터 스피드는 초 단위로 표시되는데 분모인 숫자가 높을수록 빠른 셔터, 숫자가 낮을수록 느린 셔터 스피드라 합니다. 1/250, 1/500, 1/1,000초의 빠른 셔터 스피드는 움직이는 물체를 정지 상태로 만듭니다. 1/30, 1/15, 1/4초의 셔터 스피드는 움직임이 사진에 그대로 나타납니다. 움직이는 물체를 촬영할 때 셔터 스피드를 빠르게 해서 움직임을 정지시키거나, 셔터 스피드를 느리게 해서 시간의 흐름을 나타내기도 합니다.

느린 셔터 스피드

빠른 셔터 스피드

조리개와 합쳐서 이해하자면 ISO를 무시했을 때, 조리개 F수치가 낮을수록(조리개를 개방할수록) 셔터 스피드는 빨라지고 F수치가 높을수록(조리개를 조일수록) 셔터 스피드는 느려집니다. 조리개 F수치가 낮으면 들어오는 빛의 양이 많아져 셔터 스피드는 빛의 양을 조절하기 위해 빨라집니다. 조리개 F수치가 높으면 빛의 양이 줄어들어 셔터 스피드는 느려집니다. 시간의 흐름을 표현하고 싶으면 셔터 스피드가 1/15, 1/4등으로 점점 낮아지면 됩니다.

요즘 대부분의 스마트폰 카메라는 최대 30초까지 셔터 스피드를 조절할 수 있습니다. 삼각대란 보조용품이 있다면 별을 촬영하거나 자동차 라이트가 물처럼 흐르는 것을 촬영할 수 있다는 의미입니다. 어떤 셔터 스피드가 좋은지 정확한지 정답은 없습니다. 시간을 멈춘 상태로 하고 싶은지 아니면 시간의 흐름을 기록하고 싶은지 결정은 내 몫입니다. 셔터 스피드는 내 사진에 시간을 창의적으로 표현해주는 도구입니다.

빛에 대한 이미지 센서의 민감도를 나타내는 ISO

ISO는 International Organization for Standardization의 약자로 이미지 센서가 빛을 받아들이는 민감도를 숫자로 나타낸 것을 말합니다. 빛에 대한 민감도란 이야기는 빛이 조금 들어오는 상황에서도 카메라가 밝게 촬영할 수 있다는 말입니다. 상대적으로 민감도가 떨어진다는 것은 빛이 많이 들어와야 카메라가 밝게 촬영할 수 있다는 말입니다. 빛이 조금 들어와도 되는 상황을 '고감도', 빛이 많이 들어와야 하는 상황을 '저감도'라고 합니다. ISO는 고감도일 때 숫자가 높아지고 저감도일 때 숫자가 낮아집니다.

스마트폰 카메라는 터치로 초점과 노출을 조절할 때 ISO는 자동 조절됩니다. 하지만 내가 원하는 노출 값을 정하고 싶다면 조리개와 셔터 스피드보다 먼저 ISO를 설정해야 합니다. 어두운 곳에서 400, 800, 3200 등 ISO값이 높아지면 적은 빛으로도 촬영이 가능합니다. 조리개를 덜 개방하고 셔터 스피드를 빠르게 할 수 있다는 말입니다. 이것은 DSLR의 경우도 마찬가지입니다.

50	100	200	400	800	1600	3200

← 낮은 ISO(많은 양의 빛 필요)　　　　　　높은 IOS(적은 양의 빛에서 촬영 가능) →

빛이 부족한 상황에서 (스마트폰) 카메라의 ISO를 높이면 화질이 뭉개지거나 불규칙한 점들이 생기는 노이즈 현상이 심해집니다. 적정 노출을 위해서는 사진 화질을 포기하거나 사진 화질을 높이려면 숫자가 낮은 ISO 설정을 해야 합니다. 높은 ISO는 사진 품질이 낮아집니다. 낮은 ISO는 좋은 품질의 사진을 만들어 냅니다. 이상적인 ISO는 50, 100 등 숫자를 낮게 설정하는 것입니다. 다만 어두운 공연장이나 스포츠사진, 동물사진, 야경 등의 상황에서는 높은 ISO를 사용해야 움직임을 표현할 수 있습니다.

노출의 가장 중요한 요소인 조리개와 셔터 스피드, ISO에 대해 알아 봤습니다. 세 가지 요소는 서로 큰 영향을 미치는데 적정 노출이란 노출의 세 가지 요소를 잘 조합하는 것입니다. 이미 말했듯이, ISO를 제외했을 때 조리개를 개방하면 셔터 스피드는 빨라지고 조리개를 조이면 셔터 스피드는 느려집니다. 즉, 조리개 값이 '낮을수록' 사진이 밝아지고, 셔터 스피드가 '느릴수록' 사진이 밝아집니다.

여기에 빛에 대한 민감도 ISO가 더해지면 더 복잡해집니다. ISO 값이 낮을수록 필요한 빛의 양이 많아져서 조리개를 개방하거나 셔터 스피드를 느리게 해야 합니다. ISO 값이 높으면 조리개를 조여주거나 셔터 스피드를 빠르게 하면 됩니다. 이것이 노출을 구성하는 조리개, 셔터 스피드, ISO 3요소의 관계입니다. 다시 말하면, 조리개를 열 수록, 셔터 스피드는 느릴수록, ISO는 올릴수록 사진은 밝아집니다.

조리개	1.4	2	2.8	4	5.6	8	16
셔터스피드	1/1000	1/500	1/250	1/125	1/60	1/30	1/15
ISO	50	100	200	400	800	1600	3200

표 : 노출 3요소의 관계

너무 어둡거나 너무 밝지 않은 사진을 적정 노출 사진이라고 합니다. 위에서 보았듯이 적정 노출 사진을 얻기 위해서는 노출의 3요소를 적절하게 조합해서 사용해야 합니다. 3요소 중에서 어느 한 가지를 빛의 양이 많이 들어오는 쪽으로 이동하면 나머지 두 요소는 반드시 빛이 적게 들어오는 방향으로 조절해야 합니다. 그 조합을 잘 찾아서 사용하는 것이 적정 노출을 만드는 것입니다.

사진에서 선명도를 나타내는 피사계심도

우리는 위에서 노출을 결정하는 노출의 3요소인 조리개와 셔터 스피드, ISO를 배웠습니다. 사진의 밝기를 나타내는 노출의 3요소 중에서 조리개는 카메라에 들어오는 빛의 양만을 조절하는 것이 아니라, 앞에서 잠시 언급되었던 '피사계심도'를 결정하는 중요한 요소입니다. 피사계심도가 무엇인지, 사진을 잘 찍는데 이 피사계심도가 왜 필요한지 궁금합니다. 이제부터 피사계심도란 무엇인지 피사계심도를 어떻게 활용하는지 알아보겠습니다. 피사계심도만 잘 활용해도 사진이 훨씬 달라집니다.

피사계심도란 무엇인가?

피사계심도(Depth of Field)란 사진에서 '초점이 맞은 것으로 인식되는 범위'를 말합니다. 피사계심도는 렌즈의 초점거리, 피사체와 카메라 간의 거리, 조리개 개방 정도 등에 의해 결정됩니다.(출처, 위키백과) 위키백과의 설명을 쉽게 말하면 피사계심도란 사진에서 선명하게 보이는 부분의 앞에서부터 뒤까지의 거리를 말합니다. 피사계심도에 영향을 미치는 요인 중에 중요한 것이 '조리개 개방 정도'입니다. 조리개 개방에 따라 사진에서 초점이 맞는 범위는 개방 정도를 나타내는 F값이 낮을수록(조리개가 개방될수록) 초점이 맞는 영역이 좁아지며 F값이 커질수록(조리개를 조일수록) 초점이 맞는 범위가 넓어집니다.

이때 초점이 맞는 범위가 좁아지는 것을 '피사계심도가 얕다'라고 하고, 초점이 맞는 범위가 넓어지는 것을 '피사계심도가 깊다'라고 합니다. 피사체는 초점이 맞지만 배경이 흐릴 경우는 '피사계심도가 얕다' 입니다. 피사체와 배경까지 모두 초점이 맞아 사진이 선명한 경우는 '피사계심도가 깊다'입니다. 피사계심도는 '초점이 맞는 거리'이므로 심도가 깊으면 가까운 곳부터 멀리까지 모두 선명하게 촬영되며, 심도가 얕으면 초점이 맞는 일부분만 선명하게 촬영됩니다.

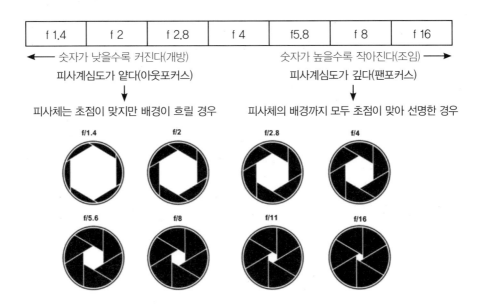

| f 1.4 | f 2 | f 2.8 | f 4 | f5.8 | f 8 | f 16 |

← 숫자가 낮을수록 커진다(개방)　　　　　숫자가 높을수록 작아진다(조임) →

피사계심도가 얕다(아웃포커스)　　　　　피사계심도가 깊다(팬포커스)

피사체는 초점이 맞지만 배경이 흐릴 경우　　　피사체의 배경까지 모두 초점이 맞아 선명한 경우

조리개를 많이 열 수록 피사계심도는 얕아지고 조리개를 조일수록 피사계심도는 깊어집니다. 피사체는 초점이 맞지만 배경이 흐려지는 피사계심도가 얕은 상태를 '아웃포커스'라 합니다. 피사체와 뒤 배경까지 모두 초점이 맞아 선명한 경우를 '팬포커스'라 합니다. 인물 사진의 경우 주제인 인물은 선명하게 살아나고 배경은 흐리게 처리된 사진을 '아웃포커스' 사진이라고 합니다. 팬포커스는 인물 사진일 경우 단체사진에서 쓰이고 주로 풍경 사진에서 많이 쓰입니다.

팬포커스 풍경 사진

아웃포커스 인물 사진

피사계심도에 영향을 미치는 3가지 요소

❶ **조리개 개방 정도** : 조리개를 열고 조이는 것에 따라 피사계심도는 달라집니다. 조리개를 조일수록 피사계심도가 깊어지고 조리개를 열 수록 피사계심도가 얕아집니다. 조리개를 조여서 피사계심도가 깊어지고 전체적으로 선명한 사진을 '팬포커스'라고 하고, 조리개를 열어서 피사계심도를 얕게 하고 일부분인 피사체만 선명한 사진을 '아웃포커스'라고 합니다.

피사계심도별 사진의 느낌 비교 : 좌로부터 F2.8/F5.6/F8.0 (이미지출처 : 캠브리지 인 컬러)

❷ **렌즈의 초점거리** : 카메라 렌즈의 이미지 센서에서 렌즈의 초점이 맞는 부분인 초점거리가 짧을수록 피사계심도는 깊어집니다. 렌즈와 이미지 센서 사이의 거리가 이미지 센서의 대각선보다 짧으면 광각, 멀리하면 망원이라고 부릅니다. 즉, 망원렌즈일수록 피사계심도는 얕아지고 초점거리가 짧은 광각일수록 피사계심도는 깊어집니다.

❸ **카메라에서 피사체까지의 거리** : 카메라와 촬영하려고 하는 피사체와의 거리가 가까워지면 피사계심도는 얕아져서 선명한 범위가 좁아지고, 카메라로부터 피사체까지의 거리가 멀어질수록 피사계심도는 깊어지고 선명한 범위가 넓어집니다.

1 노출은 사진의 절대적인 요소인 빛의 양을 조절하는 것입니다.

2 노출이 부족하면 사진이 너무 어둡게, 노출이 심하면 사진이 너무 밝게 나옵니다.

3 노출을 결정하는 셔터 스피드와 조리개, ISO이며, 이를 노출의 3요소라고 합니다.

4 조리개는 빛의 양을 물리적으로 조절하는 도구입니다.

5 조리개는 수치가 낮을수록 많이 열려서 빛을 받아들이는 양이 많아지고, 수치가 높을수록 조리개가 조여져서 빛을 받아들이는 양이 줄어듭니다.

6 셔터 스피드는 빛의 양을 시간적으로 조절하는 도구입니다.

7 셔터 스피드는 분모인 숫자가 높을수록 빠른 셔터, 숫자가 낮을수록 느린 셔터 스피드라고 하며, 움직임을 나타내는 역할을 합니다.

8 ISO는 빛에 대한 이미지 센서의 민감도를 숫자로 나타낸 것입니다.

9 ISO는 숫자가 높을수록 적은 빛으로도 촬영이 가능하며, 이를 '고감도'라고 합니다.

10 적정 노출은 너무 어둡거나 너무 밝지 않은 사진을 말합니다.

11 피사계심도는 사진에서 초점이 맞은 것으로 인식되는 범위를 말합니다. 즉, 사진에서 선명하게 보이는 부분의 앞에서부터 뒤까지의 거리를 말합니다.

12 피사계심도에 영향을 미치는 요인 중 중요한 것이 '조리개'입니다.

13 조리개 수치가 낮을수록 초점이 맞는 범위가 좁아져서 아웃포커스(피사계심도가 얕다)가 되며, 조리개 수치가 커질수록 초점이 맞는 범위가 넓어지며 이것을 팬포커스(피사계심도가 깊다)라고 합니다.

14 피사계심도에 영향을 미치는 3가지 요소는, 조리개 개방 정도와 렌즈의 초점 거리, 카메라에서 피사체까지의 거리입니다.

1 스마트폰에서 동일한 장면을 조리개와 ISO를 바꿔가며 촬영해 보세요.

2 움직이는 물체를 정지시켜 촬영해 보세요.

3 삼각대를 이용해서 스마트폰으로 야경을 촬영해 보세요.

4 아웃포커스 인물 사진과 제품 사진을 촬영해 보세요.

5 팬포커스 제품 사진과 풍경 사진을 촬영해 보세요.

03 갤럭시, 아이폰 인물 사진 모드를 활용한 제품 사진 촬영

1 갤럭시 인물 사진 모드의 이해 및 활용
2 갤럭시 인물 사진 모드의 이해 및 활용
3 아이폰 심도 조절 기능의 이해 및 활용

앞에서 우리는 노출의 3요소와 피사계심도에 대해서 배웠습니다. 빛을 조절하는 방법인 노출의 3요소를 이해했다면, 피사계심도(Depth of Fields)는 사진을 돋보이게 만드는 중요한 개념입니다. 피사계심도를 잘 활용하면 사진의 특정 부분을 강조하고, 또 다른 부분을 덜 드러낼 수 있기 때문입니다. 이 단원에서는 스마트폰에서 피사계심도를 활용한 촬영 방법에 대해 살펴보겠습니다.

03-1 갤럭시 인물 사진 모드

갤럭시 스마트폰 카메라에서는 자동으로 아웃포커스를 시켜주는 기능이 있습니다. 피사체는 선명하게 돋보이고 배경은 흐리게 촬영할 수 있습니다. 다양한 배경효과를 적용시켜 사진이나 동영상을 촬영하고, 촬영 후 편집할 수 있습니다. 인물 사진 모드는 빛이 충분하고 배경이 화려한 경우에 효과가 더 큽니다. 카메라 어플을 열고 아래 촬영 메뉴 중에서 '인물 사진' 모드를 선택합니다.

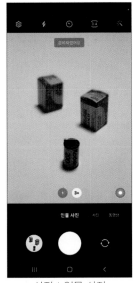   

| 사진 1 인물 사진 | 모드사진 2 배경효과 선택 | 사진 3 피부 부드럽게 하기 | 사진 4 야간 인물 사진모드 |

인물 사진 모드에서는 1배, 3배 줌이 사용 가능합니다. 줌 표시 옆의 원 표시는 배경효과를 선택할 수 있는 부분입니다. 배경효과는 배경을 흐리게 처리하는 '블러', 스튜디오 조명 느낌을 주는 '스튜디오', 흑백 사진으로 촬영하는 하이키 모노와 로우키 모노, 그리고 컬러 배경과 컬러 포인트 배경효과가 있습니다. 피사체와 배경을 보면서 조절바를 움직여 배경 흐림 효과 강도를 조절합니다. 강도를 조절한 후 준비되었다는 안내 표시가 뜨면 촬영합니다.

인물 사진 모드 아래 조절바를 이용해 배경 흐림 정도를 조절할 수 있습니다. 0부터 7까지의 숫자에서 숫자가 높을수록 배경 흐림 정도는 강해집니다. DSLR처럼 렌즈 초점거리를 변경하는 방식이 아니지만 피사계심도 조절 효과가 나타납니다. 하지만 흐림 정도가 상황에 따라서 어색한 것이 보입니다. 인물 사진 모드는 인물 반신을 넘어 너무 가깝거나 전신사진은 효과가 떨어집니다.

인물 사진 모드 배경효과 중 피사계심도에 중요한 '블러' 배경효과를 알아보도록 하겠습니다. 조리개를 개방해서 피사계심도를 얕게 했을 때 선명한 피사체를 제외한 뒤 배경이 흐려지거나 배경의 빛이 빛망울이 되는 현상을 일본말로 '보케'라고 합니다. 빛망울은 빛이 동그랗게 망울져 보이는 현상을 말합니다. 피사계심도가 얕아서 배경이 흐려질수록 빛망울은 더욱 예쁘게 나옵니다. 블러의 원래 의미는 움직이는 피사체를 느린 셔터스피드로 촬영했을 때 사진이 흔들리는 것을 말합니다.

컬러포인트 배경효과는 강조하고자 하는 주피사체의 주변을 어둡게 처리하는 비네팅 효과입니다. 주피사체 주변이 어두워져서 주피사체에 시선이 더 집중하게 되고 돋보이게 됩니다. 위쪽 맨 오른쪽 마술봉을 누르면 '피부를 부드럽게' 조절할 수 있습니다(사진 3). 배경효과와 피부를 부드럽게 하는 것은 강도를 각각 조절할 수 있습니다. 야간에는 야간 인물 사진 모드를 켜서 저조도에서 인물 사진을 밝고 환하게 촬영할 수 있습니다(사진 4)

사진5 인물 사진/블러 효과

사진6 인물 사진/스튜디오 효과

사진7 인물 사진/모노 효과

사진8 인물 사진/피부 부드럽게

인물 사진 모드로 촬영한 후에도 배경효과를 변경하고 효과 강도를 조절할 수 있습니다. 갤러리에서 인물 사진 모드로 촬영한 사진을 열어 '배경효과 변경'을 누릅니다. 원하는 배경효과를 선택하고 조절바를 이용해 효과 강도를 조절합니다.

03-2 아이폰 인물 사진 모드

아이폰도 인물 사진 모드를 선택해서 갤럭시의 인물 사진 모드와 같은 효과를 낼 수 있습니다. 인물 사진 모드로 사람을 촬영할 경우 반신을 넘어 전신으로 가면 효과가 떨어집니다. 음식사진처럼 가까이 촬영하는 것도 인물이 배경에 묻혀 안 좋습니다. 1~1.5m 떨어진 반신 정도의 인물 사진이 가장 효과가 좋습니다. 인물 사진 모드이지만 음식사진이나 아웃포커스 하고 싶은 피사체를 촬영할 때도 사용합니다.

스마트폰 카메라에서 인물 사진 모드를 선택합니다. 인물 사진 모드에서 줌은 1배와 2.5배를 지원합니다. 아이폰 인물 사진도 기능이 다양해져서 플래시, 노출 조절, 타이머, 필터, 조명, 심도조절 기능을 지원합니다. 기능 중에서 DSLR같은 피사계심도 효과를 낼 수 있는 심도조절과 조명효과를 살펴보겠습니다.

심도조절 기능

아이폰의 심도조절 기능은 갤럭시 인물 사진 모드의 블러 배경효과와 같은 기능입니다, 조리개를 개방했을 때 주피사체는 선명하고 배경이 흐려지는 효과를 주거나, 조리개를 조여 전경부터 뒤 배경까지 전부 선명하게 나오는 피사계심도 조절 효과 기능입니다. 인물 사진을 촬영할 때 설정할 수도 있고 촬영한 사진을 편집할 때 변경할 수도 있습니다. 인물 사진 모드 화면을 눌렀을 때 나타나는 아이콘 중 오른쪽 가장 위 'ⓕ'입니다. ⓕ를 눌렀을 때 나타나는 조절바를 이용 조리개 f1.4부터 f16까지 조절할 수 있습니다.

피사계심도에서 배웠듯이 조리개를 많이 열 수록(f 수치가 작을수록: f1.4 방향)) 피사계심도는 얕아지고 조리개를 조일수록(f 수치가 높을수록: f16 방향) 피사계심도는 깊어집니다. F값이 작으면 배경 흐림 정도는 강해지고 F값이 높으면 전경부터 뒤 배경까지 초점이 맞는 범위는 넓어진다는 말입니다.

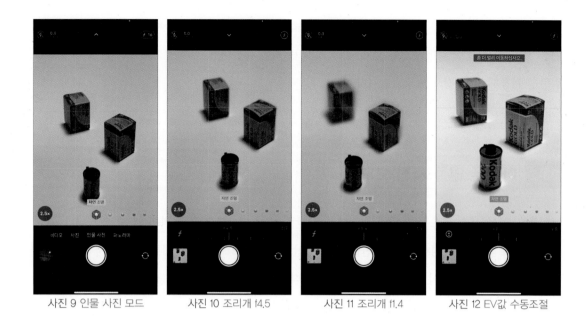

사진 9 인물 사진 모드　　　　사진 10 조리개 f4.5　　　　사진 11 조리개 f1.4　　　　사진 12 EV값 수동조절

아이폰에서는 앞에서 배웠던 EV(Exposure Value)를 인물 사진 모드에서도 사용가능합니다. 우측 상단 왼쪽 세 번째에 있는 조절바를 눌러서 수동으로 조절 가능합니다. 앞의 예시 사진에서 어두웠던 필름통이 EV값을 +1로 조절했을 때 훨씬 밝아진 것을 확인할 수 있습니다(사진 12).

인물 사진 조명 효과

심도조절 기능과 함께 조절할 수 있는 기능이 인물 사진 조명 효과입니다. 이중 자연조명 효과가 인물과 배경이 분리되고 배경 흐림 정도를 조절할 수 있습니다. 다른 조명효과는 피사계심도를 조절한다는 것보다 인물 사진에 특화된 조명 효과입니다. 윤곽 조명은 제품 사진이나 음식 사진을 촬영할 때 효과적인 조명법입니다.

자연 조명 : 얼굴에 초점이 잡히며 배경은 흐리게 처리되어 대비가 됩니다. 조명효과를 선택한 후 화면 지시에 따라 구도를 잡습니다. 구도를 잡은 후 화면의 한 점을 선택해서 노출과 초점을 따로 조절할 수도 있습니다. 자연조명 효과와 함께 심도조절 기능을 사용하면 DSLR 같은 사진을 촬영할 수 있습니다.

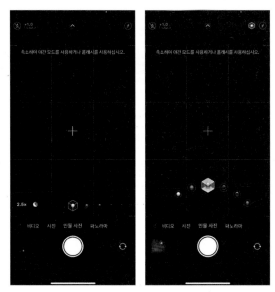

아이폰 인물 사진 조명효과 : 자연조명/윤곽조명

이것만은
반드시

1 스마트폰에서 인물 사진 모드를 활용하면 피사계심도 효과를 낼 수 있습니다.

2 스마트폰 인물 사진 모드는 인물 반신을 넘어 너무 가깝거나 전신사진은 효과가 떨어집니다.

3 인물 사진 모드를 활용해서 음식이나 제품 사진을 돋보이게 촬영할 수 있습니다.

4 아이폰 인물 사진 모드는 심도 조절 기능이 있습니다.

5 아이폰 인물 사진 조명효과는 인물에는 인물 사진 조명효과, 제품 사진에는 스튜디오 조명효과나 윤곽조명 효과를 사용합니다.

실천과제

1 인물 사진 모드를 활용해서 제품 사진을 촬영해 보세요.

2 피사계심도를 바꿔가며 촬영해 보세요

04 JPEG vs RAW, 어떤 것으로 촬영해야 할까요?

1 RAW 파일과 JPEG 파일의 뜻 이해

2 RAW 파일의 특징에 대한 이해

3 왜 RAW 파일로 촬영해야 하는지에 대한 이해

04-1 스마트폰 사진 RAW 파일로 찍어야 하는 이유

사진전문가라고 하시는 분들이 말씀하시기를, 촬영할 때는 꼭 RAW 파일로 찍어야 한다고 합니다. 대체 RAW 파일이 뭘까요? RAW 파일로 촬영하면 뭐가 좋을까요? 강의를 할 때 RAW 파일 촬영의 좋은 점에 대해서 말씀 드리면 꼭 하시는 질문입니다. 이제는 전문 카메라가 아닌 스마트폰에서도 RAW 파일을 지원합니다. 과연 두 파일 형식은 어떤 차이가 있을까요? 지금부터 RAW와 JPEG 파일 형식에 대해서 알아보도록 하겠습니다.

전문 카메라는 촬영할 때 RAW나 JPEG를 선택할 수 있습니다. 아이폰은 iOS 14.3 버전, 그러니까 아이폰 12 프로 및 프로맥스 이상에서 Proraw 파일 촬영을 지원합니다. 갤럭시는 갤럭시 s22 울트라에서 RAW 파일 촬영을 지원하고 있고, Expert Raw라는 앱으로 RAW 파일 촬영을 지원하고 있습니다. 사진을 촬영할 때 RAW와 JPEG인 것은 알겠는데 어느 포맷으로 촬영해야 하는 건지 알 수가 없습니다. 왜 RAW 파일로 촬영하는 것이 좋다고 하는지 이유도 그렇습니다.

RAW 파일은 '날 것'이고 JPEG는 카메라에서 후처리가 다된 파일입니다. 이것을 음식에 비유하자면, JPEG는 이미 조리가 다 된 음식입니다. RAW는 단어 뜻 그대로 '날 것', 음식을 조리하기 전 재료 상태입니다. 이해가 되시나요? JPEG는 이미 완성된 요리라서 내가 손을 댈 부분이 별로 없습니다. 하지만 RAW는 재료 상태라서 내가 원하는 대로 음식을 만들 수 있습니다. 이것이 JPEG와 RAW의 근본적인 차이입니다.

RAW 파일 vs JPEG 파일

❶ RAW 파일이란 무엇인가요?

RAW 파일이란 단어 뜻 그대로 '날 것', 즉 디지털 카메라에서 아무런 처리가 되지 않았거나, 최소한으로 처리된 데이터가 포함된 이미지 파일을 말합니다. 이 말은 최소한의 처리를 거쳤으므로 더 많은 데이터를 가지고 있다는 것이기도 합니다. 최소한의 처리만 거쳤으므로 JPEG처럼 바로 볼 수 없습니다. RAW 파일 후처리 소프트웨어에서 변환을 해야만 이미지를 볼 수 있습니다. RAW 파일을 카메라 필름에 대비해서 '디지털 네거티브'라고 하는 이유도 여기에 있습니다. 많은 데이터를 가지고 있으므로 파일 크기도 큽니다.

❷ JPEG 파일은 무엇인가요?

JPEG는 일반적으로 사용되고 있는 이미지 형식입니다. 빠른 처리와 웹상에서 적은 용량을 위해 이미지를 압축해서 보여주는 방식입니다. 카메라에서 이미 현상된(처리가 된) 이미지라서 바로 볼 수 있습니다. 작은 용량을 위한 압축 파일 형식이라 많은 데이터 및 색상이 손실됩니다. 물론 파일 사이즈가 작습니다.

❸ RAW vs JPEG 파일의 3가지 주요 차이점

(1) 노출 부족(과다)한 이미지를 살리는 것은 RAW 파일이 더 좋습니다

노출부족(과다)으로 촬영된 사진에서 이미지를 개선하려고 하면 RAW 파일이 더 좋습니다. 스마트폰에서는 자동으로 노출을 맞춰주니까 신경 쓸 일이 없습니다. 하지만 좀 더 창의적으로 사진을 위해 수동으로 찍었는데 노출 부족이라면 RAW 파일이 노출부족(과다)을 수정하는데 훨씬 수월합니다.

예제 사진에서는 RAW와 JPEG 파일의 노출부족 상황을 보여줍니다. 언뜻 보기에는 별 차이가 없습니다. 하지만 두 파일을 '모바일 라이트룸'에서 동일하게 조정해 보면 차이가 나타납니다. 아래 사진처럼 극단적으로 +3 stop까지 조정해 봤을 때, RAW 파일은 대부분 고르게 복구된 반면, JPEG는 이미지 색상이 많이 손실되고 노이즈가 심해집니다. RAW 파일이 이미지를 살릴 수 있는 폭이 크다는 것을 알 수 있습니다.

RAW 파일 노출 부족 촬영 후 암부 살리기/원본(좌측) 보정(우측)

JPEG 파일 노출 부족 촬영 후 암부 살리기/원본(좌측) 보정(우측)

(2) 사진 촬영 후에 보정 단계에서 처리할 수 있는 범위도 RAW 파일이 더 좋습니다

예제 사진에서 왼쪽은 JPEG 파일로 촬영한 사진이고, 오른쪽은 RAW 파일 사진입니다. 두 파일 전부 라이트룸에서 이미지를 조정했습니다. 하늘의 구름 표현력이나 건물의 각 색상의 선명도와 밝기 등을 살펴봤을 때 RAW 파일이 훨씬 우수합니다. JPEG는 65,536가지 색상을 지원합니다. 하지만 RAW 파일은 680억 가지 색상 정보를 가지고 있습니다. JPEG는 데이터와 색상 정보를 많이 가지고 있지 못해서 억지로 조정할 경우 노이즈가 생깁니다.

밝기에 대한 데이터 차이도 큽니다. JPEG는 256단계 밝기를 파일에 기록합니다. 반면 RAW 파일은 대략 4,000~16,384 단계의 밝기를 파일에 가지고 있습니다. 밝기가 왜 중요하냐면, 밝기를 조절함에 따라서 이미지의 톤과 계조가 훨씬 부드러워지기 때문입니다.

JPEG 파일 촬영 사진 (좌측) RAW 파일 촬영 사진 (우측)

(3) 다이나믹 레인지 표현 방식 또한 RAW 파일이 좋습니다

사진에서 다이나믹 레인지란 가장 밝은 곳과 가장 어두운 곳의 톤 차이를 말합니다. 다이나믹 레인지를 표현하는 것이 좋다는 것은 쉽게 말해서, 어두운 곳과 밝은 곳의 디테일을 나타내는 것이 좋다는 것입니다. JPEG는 이미 처리된 파일이라 다이나믹 레인지를 처리하기가 힘듭니다. JPEG에서 밝은 곳과 어두운 곳 전부를 살리기 힘듭니다. 하지만 RAW 파일은 노출부족이나 과다의 경우 처리할 수 있는 폭이 큽니다. 어두운 곳과 밝은 곳의 디테일을 모두 살릴 수 있습니다. 이것을 '관용도'가 크다고 말합니다.

결론적으로 말씀드리면, RAW 파일이 JPEG 파일보다 더 고품질의 사진을 만듭니다. RAW 파일의 단점이라면, 많은 데이터를 가지고 있다보니 파일 크기가 커진다는 점입니다. 또한 RAW 파일을 사용하고 보려면 전용 프로그램이 필요합니다. 전문적인 사진을 원하는 것이 아니라면 당연히 JPEG파일을 선택해야 합니다. 하지만 이미지를 디테일하고 고품질로 편집하려면 RAW 파일이 정답입니다.

스마트폰에서 RAW(DNG : Adobe RAW 파일형식) 파일 형식

❶ 갤럭시 s22 울트라 Expert Raw

갤럭시에서는 갤럭시 s22 울트라 모델부터 RAW 파일 촬영을 지원합니다. 기존 카메라에 RAW 파일 지원이 있지만 '갤럭시 스토어'에서 Expert Raw라는 앱을 따로 제공합니다. Expert Raw는 RAW 파일의 기능을 그대로 지니고 있는 파일을 촬영하는 앱입니다. 이 앱을 통해서 자동이나 수동으로 사진을 촬영 후, 바로 밑에 있는 메뉴를 눌러 '모바일 라이트룸'으로 이동합니다. 모바일 라이트룸에서 RAW 파일을 처리(현상)해서, 고품질과 더 높은 다이나믹 레인지를 가진 파일을 만듭니다.

❷ 아이폰 ProRAW 파일

애플 또한 Apple ProRAW라는 포맷을 지원하고 있지만 RAW 파일의 다른 이름입니다. 설정에서 Apple ProRAW를 활성화하면 사진과 같이 카메라 메뉴에 나타납니다. 촬영할 때 손쉽게 RAW와 JPEG를 바꿔 사용할 수 있습니다.

RAW 파일 변환 및 보정

RAW 파일은 전문 프로그램이 있어야 조정하고 볼 수 있다고 했습니다. 갤럭시는 모바일 라이트룸으로 연결되도록 했습니다. 아이폰은 갤러리에서 직접 편집하거나 외부 프로그램을 이용할 수 있습니다. 모바일 라이트룸, 스냅시드가 대표적으로 RAW 파일을 변환 및 보정을 하는 프로그램입니다. RAW 파일을 변환, 보정할 때 귀찮다고 해서 '자동'을 누르면 아무런 의미가 없습니다. 반드시 수동으로 내가 원하는 변환 및 보정을 해야 합니다. 스냅시드와 라이트룸에 대해서는 후 보정에서 다시 말씀 드리겠습니다.

1. 갤럭시와 아이폰 모두 RAW 파일 촬영을 지원합니다.

2. RAW 파일은 요리 재료 상태이고, JPEG는 이미 완성된 요리입니다.

3. RAW 파일은 카메라에서 최소한의 처리를 거치고 더 많은 데이터를 포함한 이미지 파일입니다. 현상 전 필름과 같다고 해서 '디지털 네거티브'라고도 합니다.

4. JPEG는 카메라에서 이미 현상 처리된 이미지 파일입니다. 작은 용량과 빠른 처리를 위해 많은 데이터와 색상이 손실됩니다.

5. 노출 부족(과다)한 이미지를 살리는 것은 RAW 파일이 더 좋습니다.

6. 후 보정 단계에서 처리할 수 있는 범위도 RAW 파일이 더 좋습니다.

7. HDR 표현 방식 또한 RAW 파일이 좋습니다.

8. 결론적으로 RAW 파일이 JPEG 파일보다 더 고품질의 사진을 만듭니다.

1. 갤럭시 기본 카메라 RAW 촬영을 하고, 갤럭시 Expert RAW 카메라로 촬영한 다음 결과물을 비교해 보세요.

2. RAW 파일로 촬영한 후, 스냅시드나 모바일라이트룸에서 불러와 현상을 해보세요.

05 좋은 제품 사진을 위해 먼저 살펴야 할 것들

1 좋은 제품 사진을 촬영하기 위한 전제 조건을 이해

2 좋은 제품 사진을 위한 촬영 기획 요령 익히기

3 상세 페이지를 위한 촬영 계획 수립

05-1 상세 페이지를 생각하고 촬영 계획을 수립한다

상세 페이지는 제품 또는 서비스를 사고 싶게 만드는 '상세한 설명을 담은 페이지'입니다. 상품에 대한 정보를 사진이나 글, 영상 등으로 상세하게 시각화해서 고객에게 보여주는 역할을 하는 것입니다 (상세 페이지 과목 참조). 상세 페이지를 제작하기 위해서는, 상품에 대한 정보수집 과정 – Selling Point 찾아내기 – 기획서 작성 – 제품 촬영 – 상세 페이지 제작의 단계를 거칩니다. 각각의 과정들이 전부 중요하지만, 제품에 대한 정보를 시각적으로 가장 확실하게 만드는 것이 '제품 촬영' 단계입니다.

제품을 사려고 하는 고객들은 먼저 시각적인 요소에 이끌려 상세 페이지를 만나게 됩니다. 상세 페이지에서 제품의 정보와 가치 등, 많은 요소들을 보여줄 수 있지만, 구매를 결정하는 데 가장 큰 영향을 미치는 것이 이미지입니다. 제품 촬영을 할 때, 상세 페이지는 어떻게 만들 것인지에 대한 계획이 완성되어 있다면 목적에 맞는 이미지를 얻을 수 있습니다. 제품 촬영을 먼저 해 놓고서 상세 페이지에 어떻게 넣을지를 고민하는 것이 아닙니다. 상세 페이지를 먼저 기획하고 상세 페이지에 맞게 제품 촬영을 하는 것이 시간을 절약하는 방법입니다.

상세 페이지 인트로 이미지부터 제품 특·장점을 나타내는 이미지, 제품 활용하는 이미지와 제품 디테일 이미지 등이 상세 페이지에 필요합니다. 제품 특징을 잘 살리고 구매로 이어지도록 이미지를 촬영하고 구성하는 것이 상세 페이지 기획 단계부터 필요합니다. 제품의 특·장점을 알리는 상세 페이지에는 평균적으로 7장에서 20여 장의 이미지(동영상, GIF 포함)가 필요합니다. 어느 부분에 어

떤 사진이 필요한지 먼저 생각해 보고, 잘 뇐 상세 페이지나 타사 벤치마킹을 통해 어떤 사진을 배치할 것인지를 확인해야 합니다. 상세 페이지의 목적은 제품을 잘 팔기 위한 것이라는 점을 항상 생각해야 합니다.

05-2 촬영할 제품의 성질을 파악한다

촬영할 제품의 성질이라면 일종의 재질이라고 말할 수 있습니다. 촬영할 제품이 음식인지 아니면 섬유류인지, 금속류인지 여러 가지를 따져서 그 성질에 맞게 촬영 계획을 수립하는 것입니다. 음식은 일단 먹음직스럽게 맛있게 보여야겠죠. 유리 제품은 맑고 깨끗한 것을 나타내주기 위해 투명하게, 또는 그런 분위기를 살려주는 성질을 파악해야 합니다. 천 제품이라면 부드러운 느낌을 살려줘야 합니다. 금속 제품은 금속의 차가운 느낌이 전달되도록 촬영해야 합니다. 제품의 성질을 파악해서 어떻게 촬영할 것인지를 결정해야 합니다.

제품의 가장 좋은 각도를 찾는다

제품의 가장 좋은 각도, 앵글을 찾는 것입니다. 앵글은 사람의 눈높이에서 바라보는 아이레벨, 사람의 눈높이보다 낮은 각도에서 바라보는 로우 앵글, 사람의 눈높이보다 높은 각도에서 내려다보는 하이 앵글, 그리고 새가 날아가는 높이에서 바라본다고 하는 버즈아이 뷰, 탑뷰가 있습니다. 일반적으로 제품 사진은 사람 눈높이에서 촬영을 많이 하는데, 앞에서 말씀 드린 것처럼 제품의 성질을 파악한 다음에, 내가 어떤 앵글에서 촬영할 것인지 그 각도를 찾아내는 것입니다.

사람이 음식을 먹을 때 가장 맛있어 보이는 각도는 내 눈높이에서 바라보는 각도입니다. 디테일을 살릴 것인지, 전체적인 느낌을 살릴 것인지 앵글을 결정하는 것입니다.

배경과 조명 방법을 결정한다

제품을 촬영하는 배경과 조명 방법을 결정해야 합니다. 제품을 촬영할 때 어떤 배경을 사용해서 촬영을 할 것인지, 이 배경이 이 제품을 살리는 것인지 아니면 제품을 묻히게 하는 것인지 결정해야 합니다. 예제 사진처럼 배경을 어둡게 떨어뜨려서 명암대비를 극명하게 살려 제품을 살리든지, 아니면 다른 예제 사진처럼 배경에 깊이를 줘서 제품을 살릴 것인지를 결정해야 합니다. 제품을 조명하는 방법에 있어서는 앞으로 자세하게 배우겠습니다.

05-5 세팅 변화 없이 다양한 구도로 촬영한다

한 번 세팅이 돼있으면 그 세팅을 변화하지 말고 다양한 구도와 앵글로 촬영을 해봐야 합니다. 가까이 다가가기도 하고 앉아서 촬영하기도 하고, 뒤로 물러나기도 하며 위에서 내려다 보기도 해야 합니다. 다양한 구도와 각도로 촬영 하다 보면 제품의 가장 좋은 부분이 보이기 시작합니다.

1 좋은 제품 사진을 위한 전제 조건

　(1) 상세 페이지를 생각하고 촬영 계획을 수립합니다.

　(2) 촬영할 제품의 성질을 파악합니다.

　(3) 제품의 가장 좋은 각도를 찾습니다.

　(4) 배경과 조명 방법을 결정합니다.

　(5) 세팅 변화 없이 다양한 구도로 촬영합니다.

2 상세 페이지의 목적은 제품을 잘 팔리도록 만드는 것입니다.

1 상세 페이지 기획해 보세요.

2 각각의 페이지에 맞는 필요 이미지 계획해 보세요.

3 촬영할 제품의 어떤 점을 고객들이 가장 보고 싶어 할지 생각해 보세요.

PART

II

제품 사진을
더욱 돋보이게,
스마트폰 사진 보정법

01 스냅시드(Snapseed) 후 보정
02 모바일 라이트룸에서 색상 조정하기

01 스냅시드(Snapseed) 후 보정

1 스냅시드 설치 및 기본 메뉴의 이해

2 제품 사진에 주로 쓰이는 메뉴 배우기

3 스냅시드를 활용한, 사진 후 보정하기

01-1 스냅시드 설치 및 기본 메뉴 살펴보기

스냅시드(Snapseed)는 구글이 만들어서 배포한 무료 사진 편집 어플입니다. 무료 어플임에도 불구하고 포토샵과 비슷한 성능을 가지고 있습니다. 아이콘이 직관적으로 되어 있어 사용하기에 편리합니다. 가장 큰 장점은 사진을 보정해도 원본 사진 크기가 변하지 않는다는 것입니다. 다른 보정 어플들은 사진을 보정하면 사진 크기가 작아져 화질이 떨어지는 경우가 많습니다.

스냅시드 설치하기

- 구글 플레이스토어나 애플 앱스토어에서 '스냅시드'를 검색합니다.
- 'Snapseed' 어플을 설치합니다.
- 설치가 완료되고 어플을 실행하면 사진을 선택하는 화면이 나옵니다.

스냅시드 메뉴 구성

스냅시드를 설치하고 어플을 실행시키면 사진 선택하는 창이 나옵니다. 갤러리에 있는 사진 중 보정할 사진을 선택하면 가장 먼저 '스타일' 메뉴가 나옵니다. 스타일에서 기본적인 필터효과를 사진에 입힐 수도 있고 그냥 지나쳐도 됩니다. 필터효과를 주고난 후 도구에서 보정도 가능합니다. 중간에 있는 '도구' 메뉴를 누르면 화면과 같이 많은 보정 메뉴들이 나옵니다. 밑으로 내리면 안 보이던 더 많은 메뉴까지 보입니다.

1 제일 처음에 있는 기본 보정을 눌러보면 보이는 '채도'는 색이 탁한 정도를 말한다고 하는데 탁하다는 것이 애매합니다. 간단하게 생각해보면 순수한 원색에 무채색(흰색, 회색, 검정색)이 섞여 채도를 결정하는 것입니다. 회색이 많이 섞여 색이 순수색에서 멀어지면 채도가 떨어진다고 말합니다. 그 반대로 무채색이 조금 섞여서 색이 선명할수록 채도가 높다고 말합니다. 즉, 무채색에 가까워질수록 채도가 떨어진다고 생각하면 됩니다. 채도는 높일수록 색이 살아나지만 과하면 사진이 어색해집니다. 사진을 보정할 때 채도는 조금만 올리거나 거의 만지지 않도록 합니다.

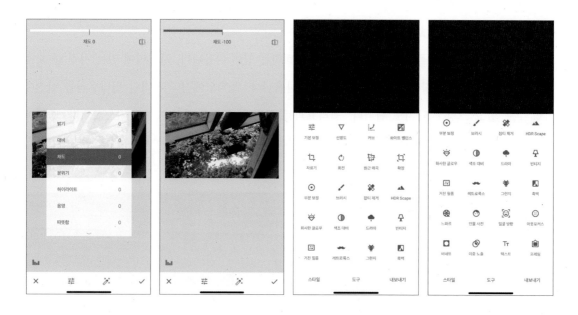

2 기본 보정에서 채도 아래에 있는 '분위기'는 대비와 채도를 동시에 조절하는 메뉴입니다. 채도와 대비를 만지기 전 먼저 살짝 조절하면 보정이 쉬워집니다. 대비와 채도를 각각 조절하겠다고 생각하면 굳이 만지지 않아도 됩니다. 기본 보정 맨 아래쪽에 있는 '따뜻함'은 화이트밸런스와 비슷하다고 보시면 됩니다. 화이트밸런스 항목이 따로 있어서 이 항목 또한 지나쳐도 됩니다.

3 '선명도'는 말 그대로 사진을 선명하게 만드는 메뉴입니다. 선명도를 누르면 구조와 선명하게 항목이 나옵니다. '구조'는 노출 부족이 아닌 빛이 많은 사진에서 살짝 올리면 사진이 좋아지는 느낌을 받습니다. 너무 올리면 노이즈가 심해지므로 주의해야 합니다. '선명하게'는 사진을 선명하게 만드는 항목으로 수치 100까지 올릴 수 있습니다. 하지만 구조를 우선 조절하고 선명도는 약간만 조절하셔야 합니다. 어떤 보정이든지 과하면 어색한 느낌 사진이 됩니다.

4 '브러시' 항목은 사진의 원하는 곳을 붓으로 살살 문질러서 밝게 하거나 어둡게 만드는 효과입니다. 사진을 확대해서 원하는 부분만 밝기를 조절할 수 있는 기능입니다. 대비를 강조하는 사진을 만들거나 사진 일부분 밝기를 조절할 때 사용합니다. 스냅시드 어플이 가진 장점 중 활용도가 높은 항목일 수 있습니다.

5 '비네트'는 사진 주변 부분을 어둡게 만들거나 밝게 만들어 주제에 시선을 집중하게 만드는 항목입니다. 외부 밝기를 감소시키면 검은색 비네트가 생겨 중심으로 시선을 이끄는 효과를 줍니다. 외부 밝기를 증가시키면 흰색 비네트가 생기는데 밝은 톤 사진에 사용합니다.

스냅시드로 사진 보정하기

흰색을 흰색답게 만드는 보정

모든 카메라는 물체의 색을 인식하고 카메라에서 표현할 때 중성 회색(일명 18% 반사율)을 '적정 노출'로 인식합니다. 이런 이유로 사진을 자동으로 촬영하면 뭔가 칙칙한 듯한 느낌의 사진이 됩니다. 갤럭시 스마트폰의 경우 AI가 대비와 채도를 조절해서 사진이 훨씬 '쨍'하게 보입니다. 아이폰의 경우는 카메라의 기본에 충실해서 사진이 칙칙해 보입니다(이런 이유로 아이폰 사진이 보정하기에 더 좋다는 말이 나옵니다).

사람의 눈은 대단해서 어떤 상황(조명)에서도 물체의 색을 정확하게 봅니다. 하지만 스마트폰 카메라(미러리스/DSLR 포함)는 그렇지 못합니다. 카메라가 물체의 색을 정확하게 볼 수 있도록 만드는 것이 '화이트밸런스'라는 것은 이미 배웠습니다. 흰색을 조절 한다는 것은 흰색이 흰색처럼 보이게 만든다는 것입니다. 흰색이 눈으로 보는 흰색처럼 밝고 환하게 보이는 것이 아닙니다. 그냥 촬영하게 되면 흰색이 회색에 가깝게 보입니다.

이제부터 스냅시드에서 간단한 방법으로, 자동으로 촬영된 스마트폰 사진을 흰색을 흰색답게 보이는 보정을 해보겠습니다. 왼쪽 사진이 원본이고 오른쪽 사진이 보정 후 사진입니다. 차이점이 느껴지시나요?

원본

보정 후

촬영된 원본을 보겠습니다. 보정 후 사진과 비교했을 때, 전체적으로 회색의 막이 씌워진 것처럼 보입니다. 어두운 부분도 노출 차이로 인해 디테일이 거의 살아나지 않았습니다. 스냅시드에서 파일을 불러와서 '기본 보정' 메뉴를 선택합니다. 밝기와 대비, 따뜻함은 건드리지 않아도 됩니다. 갈색과 쓰레받기 색상을 살리기 위해 채도를 조금만 올립니다. 분위기를 올려서 사진의 디테일과 채도를 살려줍니다.

그다음 흰색을 살리는데 중요한 하이라이트 조절입니다. 하이라이트를 (−) 방향으로 내리면 하얗게 날아간 부분이나 하늘을 살릴 수 있습니다. 하이라이트를 (+) 방향으로 올리면 노출을 좀 더 준 것 같은 효과를 줍니다. 마치 흰눈을 찍을 때 노출을 (+)1에서 (+)1.5 올려서 보정하는 것과 비슷합니다. 흰색이 밝다고 해서 노출을 낮춘다고 생각하면 흰색은 흰색으로 표현되지 않습니다. 음영을 올려서 어두운 부분의 디테일을 살려주고 저장합니다. 원본과 비교했을 때, 흰색이 흰색답게 표현됐습니다. 음영과 분위기 조절로 어두운 부분의 디테일도 살아났습니다.

기본 보정에서 항목별 세부 조정

제품 사진 색상 보정하기

이제는 제품 사진을 보정해 보겠습니다. 아래 사진은 제가 일부러 형광등 아래에서 찍은 제품 사진입니다. 왼쪽이 촬영 원본이고 오른쪽 사진이 후 보정한 사진입니다. 촬영된 원본은 전체적으로 칙칙한 색을 보이고 있습니다. 어떻게 보정하면 사진이 보정 후 사진처럼 색이 살아나고 환하게 보일지 보정 해보겠습니다. 단, 항상 후 보정은 과하지 않게, 내 눈이 보는 것처럼 자연스럽게 한다는 원칙은 잊지 말아야 합니다.

- 스냅시드에서 사진을 불러 와 '기본 보정'을 선택합니다. 제품이 흰색이다 보니 카메라에서 전체적으로 밝은 것으로 인식해서 사진이 어두워진 것입니다. 먼저 '밝기'를 올려줍니다.
- 대비는 만지지 않고, 바탕색을 살리기 위해 '채도'를 약간 올립니다.
- 전체적인 분위기를 살리기 위해, 채도와 대비를 조절하는 '분위기'를 조금 올립니다.
- 제품의 밝은 부분을 살리기 위해 '하이라이트'를 조금 올립니다. 제품이 흰색이므로 너무 올리시면 흰색이 깨지는(색이 번지는) 현상이 나타납니다.
- 그림자 부분을 부드럽게 만들기 위해 '음영'을 올려줍니다.
- 기본 보정을 저장하고 메뉴로 나와서 '커브'를 선택합니다.
- 커브에서 '소프트 컨트라스트'를 선택해 사진을 약간 강렬하게 만들어 줍니다.
- 사진을 저장하면 스냅시드에서 보정은 완료 했습니다.

- 저장 된 사진을 화사하고 밝게, 그리고 사진의 진득함을 위해 스마트폰 카메라 기본 편집에서 다시 한 번 보정을 합니다.
- 기본 편집 프로그램에서 '휘도'와 '밝기'를 약간 올려줍니다.
- 사진에 진득함을 더하기 위해 '블랙포인트'를 선택, 약간 올려줍니다. 블랙 포인트를 많이 올리시면 사진의 깊이는 진득해지지만, 그림자(쉐도우) 부분 디테일이 사라지게 되므로 약간만 올리셔야 됩니다. 스마트폰 기본 보정까지 완료되면 후 보정이 끝났습니다.

배경이 좀 더 어둡고 보색을 이루는 다른 사진을 보정해 보겠습니다. 동일한 제품이지만 배경에 따라 느낌 차이는 확연합니다. 왼쪽이 촬영된 원본 사진이고 오른쪽이 후 보정이 완료된 사진입니다.

- 위의 예제 사진을 보정한 후에 바로 이 원본 사진을 불러왔다면, 편집화면 처음에 나오는 '스타일'에 마지막 편집이 남아 있습니다.
- '마지막 편집'을 누르면 앞에 보정했던 부분들이 그대로 적용됩니다. 동일한 배경이나 느낌 사진에 사용하기 좋습니다.
- 사진이 전체적으로 어두우니까 '기본 보정' 메뉴를 열고, 밝기, 채도와 분위기, 하이라이트, 그림자를 조금씩 올려줍니다.
- 계속 말씀 드리지만 후 보정은 최소한으로 하는 것이 정석입니다. 제품 사진은 특히, 제품의 색상이나 느낌을 착각할 수 있으므로 필터를 쓰거나 너무 과한 보정을 하면 안 됩니다.

  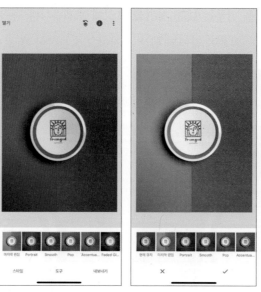 

동영상 강의

1️⃣ 스냅시드 흰색 보정 방법 영상 (영상 1)
  ▶ https://youtu.be/RInYmv9K7mc

2️⃣ 스냅시드 색상보정 방법 영상 1 (영상 2)
  ▶ https://youtu.be/_KEWkRkLe7o

3️⃣ 스냅시드 색상보정 방법 영상 2 (영상 3)
  ▶ https://youtu.be/YFynodUPx7U

실습 동영상의 QR 코드 또는 주소(URL)가 접속이 되지 않을 경우 4쪽의 "안내 드립니다" 내용을 참조합니다.

1 '채도'는 색이 탁한 정도입니다. 순수한 원색에 무채색(검정, 흰색, 회색)을 섞어서, 색이 선명해질수록 채도가 높다, 무채색에 가까워질수록 채도가 낮다고 합니다.

2 채도는 높일수록 색이 살아나지만 과하면 어색한 사진이 됩니다.

3 '분위기'는 대비와 채도를 동시에 조절하는 메뉴입니다.

4 '선명도'는 사진을 선명하게 만드는 메뉴입니다. 선명도를 누르면 '구조'와 '선명하게'가 나오는데, 구조는 우선 조절하고 선명도는 약간만 조절해야 합니다.

5 '브러시'는 원하는 곳을 붓으로 살살 문질러 사진을 밝게 하거나 어둡게 만드는 메뉴입니다.

6 '비네트'는 사진 주변 부분을 어둡게 하거나 밝게 만들어 주제에 시선을 집중하게 만드는 메뉴입니다.

7 후 보정은 '자연스럽게, 과하지 않게'가 항상 기본입니다.

1 스마트폰으로 제품을 촬영하고 스냅시드로 후 보정을 합니다.

2 '채도'를 올렸을 때와 '분위기'를 올렸을 때 차이점을 살펴봅니다.

3 밝은 배경과 어두운 배경에서 촬영하고 보정을 해봅니다.

4 스마트폰 기본 편집 프로그램으로 '밝기, 휘도, 블랙 포인트'를 조절해 봅니다.

02 모바일 라이트룸에서 색상 조정하기

1 모바일 라이트룸 설치 및 기본 메뉴 알아보기

2 모바일 라이트룸에만 있는 메뉴 이해

3 라이트룸으로 색상 조정하는 방법 연습

02-1 │ 모바일 라이트룸의 설치 및 메뉴

어도비 사의 모바일용 라이트룸은 스냅시드와 더불어 후 보정에 가장 많이 쓰는 어플입니다. 사진가들이 주로 사용하는 PC 버전 '라이트룸'과 거의 동일한 성능을 보이고 있습니다. 사진 촬영과 편집, 관리, 공유 등 다양한 기능을 가지고 있습니다. 부분 유료 정책으로 전 기능을 사용하려면 비용이 부과되지만, 우리가 사용하려는 '색상 조정'은 무료로 사용가능합니다. 이외 기능도 충분히 무료로 사용해도 보정이 가능합니다.

모바일 라이트룸 설치

- 플레이스토어나 앱스토어에서 '라이트룸'을 검색하고 설치합니다.
- 라이트룸을 실행했을 때 나오는 첫 화면에서, 오른쪽 아래에 있는 파란색 메뉴 중 왼쪽에 있는 아이콘이 사진을 추가하는 것이고, 오른쪽에 있는 아이콘이 사진 촬영 모드입니다.
- 갤럭시와 다르게 카메라 '수동 모드'가 지원되지 않는 아이폰 카메라의 경우는 라이트룸의 '전문가 사진 촬영'을 사용하시면 수동으로 촬영이 가능합니다.
- 대세를 반영해서 이제는 RAW 포맷 촬영도 지원이 됩니다.
- '카메라'를 눌러 나오는 첫 화면에서 위쪽 가운데는 '파일 포맷'입니다.
- 촬영모드는 자동과 전문가, HDR의 세 종류가 있습니다.
- 나머지 항목은 갤럭시와 같이 수동 조절해서 사용하시면 됩니다.

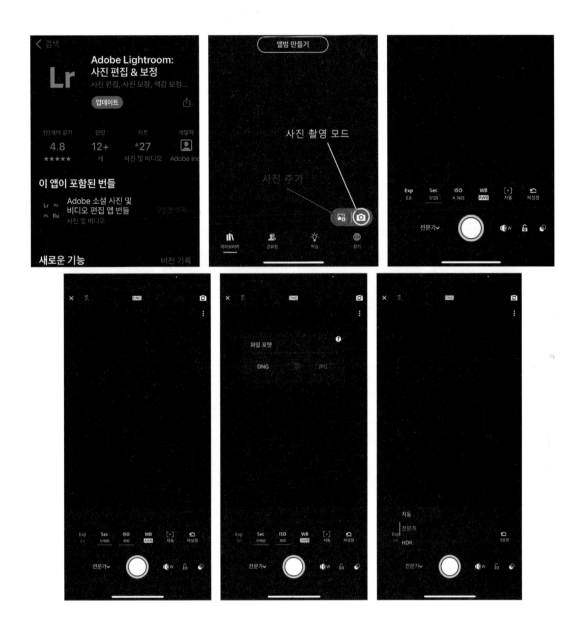

스냅시드에 없는 모바일 라이트룸 메뉴

스냅시드와 모바일 라이트룸을 잘 섞어 사용하면 후 보정이 좋아집니다. 모바일 라이트룸에서 보정할 사진을 선택하면 아래에 메뉴들이 나오는데, 스냅시드와 비슷한 메뉴 구성을 보입니다. 마스크, 복구, 자르기, 사전 설정, 자동, 밝기, 색상, 효과, 세부정보, 광학 도형 등 다양합니다. 물론 스냅시드에 없는 '마스크, 사전 설정, 효과-텍스처' 등이 보이긴 합니다. 다음은 스냅시드에는 없는 모바일 라이트룸의 메뉴입니다.

- '마스크'는 정확한 색상이나 밝기를 조정하는 기능으로 특정 영역을 편집 할 수 있습니다. 영역은 자동으로 선택할 수 있고 수동으로 선택할 수도 있습니다. 마스크에 대한 부분은 '자습서'를 눌러 학습하실 수 있습니다(라이트룸은 모든 기능에서 자습서를 제공하고 있습니다). 마스크를 잘 사용하면 사진의 퀄리티를 한층 더 높일 수 있습니다.
- '사전 설정'은 라이트룸에서 기본적으로 제공하는 다양한 필터입니다.
- '효과'부분에서 수강생들이 주로 문의하시는 것이 '텍스쳐'입니다. 텍스쳐는 사진의 감촉이나 질감 표현을 부드럽게 또는 거칠게 할 수 있는 기능입니다. 텍스처 수치에 따라서 사진의 질감이 달라집니다. (+)100으로 올릴 경우, 포토샵의 샤프니스 기능과 비슷하게 피사체 질감 표현이 선명해집니다. (−)100으로 낮출 경우, 질감을 표현하는 선이 약해집니다.

- '디헤이즈'는 풍경 사진에 주로 쓰이는 메뉴입니다. 안개나 연기 등으로 가려진 피사체를 선명하게 만들거나, 안개나 연기를 추가해서 몽환적인 분위기를 만들 때 사용합니다.

02-2 모바일 라이트룸으로 색상 조정하기

스냅시드에서 아쉬웠던 사진의 색상을 조절하는 기능은 모바일 라이트룸이 채워줍니다. 기본적인 색상을 바꿀 때, 아니면 특정 색상을 강조하고 싶을 때 '색상'을 사용하시면 됩니다.

- '색상'을 누르면 나오는 메뉴 중에서, 흰색 균형(화이트밸런스)은 '색온도'로 조절하시면 됩니다. '색온도' 및 '색조 제어'로 화이트밸런스를 조절합니다. 또한 색온도는 사진에 표현되는 노란색(따뜻함)과 파란색(차가움)을 설정합니다.

- '스포이드'를 눌러 사진에서 흰색을 터치해서 흰색 균형을 설정할 수 있습니다.
- '색조'는 사진의 녹색과 자홍색(핫핑크, 딥핑크, 마젠타 등)을 설정할 수 있습니다.
- '생동감'은 말 그대로 색상이 희미한 것을 강도를 높여 생동감이 넘치게 만드는 것입니다. '생동감'은 사진에서 희미한 색상, '채도'는 사진에 있는 모든 색상의 강도를 높이는 것이 차이점입니다.
- 중간 부분에 있는 '등급'을 누르면, 색을 어두운 영역, 중간 영역, 밝은 영역, 전체로 구분해서 색을 보정할 수 있습니다. 영역별로 손가락으로 터치를 해서 움직이면 색상이 바뀌는 것을 볼 수 있습니다. 밑에 나오는 색조, 채도, 휘도 등을 조절할 수도 있습니다. 조절이 완료되면 '완료'를 누르고 나옵니다.

- '혼합'은 가장 많이 사용하는 색상 조절 방법입니다. 색조, 채도 및 휘도를 사용해서 개별 색상을 미세하게 조절하는 방법입니다. '색조'는 각 개별 색상의 톤을 조절합니다. '채도'는 색상의 회색 양을 조절해서 사진을 희미하거나 밝게 만듭니다. '광도'는 흰색 계열의 양을 조절해서 사진을 밝거나 어둡게 만듭니다.
- 원본 사진에서 '오렌지색'을 선택하고, 색조와 채도, 휘도를 비교를 위해 과하게 움직여 봅니다. 사진에서 오렌지색 계열이 바뀐 것을 볼 수 있습니다.
- 중간에 있는 톱니바퀴 모양 아이콘은, 누르고 나서 사진의 색상 부분을 손가락으로 누르면 어떤 색을 조절해야 하는지 나타내 주는 기능입니다. 색을 조절해야 하는 수치도 색상 아래 표시됩니다.
- 각각의 색상들은 사진에서 내가 어떤 색을 강조하고 싶은지, 약화시킬 것인지 생각한 다음 조절하시면 됩니다.
- '색상' 조절이 완료되면 오른쪽 윗부분에 있는 아이콘을 눌러 원하는 위치에 사진을 저장합니다.

동영상 강의

1 라이트룸 기본 메뉴 사용법 영상 (영상 1)
▶ https://youtu.be/7-Muq-cq-G4

2 라이트룸 자습서 사용법 영상 (영상 2)
▶ https://youtu.be/DDjbarBykS8

3 라이트룸 색상 보정 방법 영상 (영상 3)
▶ https://youtu.be/50VmqtaPjkw

실습 동영상의 QR 코드 또는 주소(URL)가 접속이 되지 않을 경우 4쪽의 "안내 드립니다" 내용을 참조합니다.

1 모바일 라이트룸 기본 메뉴는 스냅시드와 비슷합니다.

2 라이트룸 카메라 기능으로 아이폰에서 수동 카메라를 사용할 수 있습니다.

3 라이트룸 메뉴 중 '마스크'는 특정 영역을 선택해서 정확한 색상이나 밝기를 조절하는 기능입니다.

4 '사전 설정'은 라이트룸에서 기본적으로 제공하는 다양한 필터입니다.

5 '효과-텍스쳐'는 사진의 감촉이나 질감 표현을 부드럽게 또른 거칠게 할 수 있는 기능입니다.

6 라이트룸의 '색상' 조절 기능은 강렬한 색상 조절 도구입니다.

1 라이트룸에서 '앨범 설정'을 해봅니다.

2 라이트룸 '색상'에서 화이트밸런스를 조절하는 방법을 익힙니다.

3 사진의 개별 색상을 조절해 봅니다.

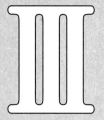

PART

III

제품 사진 배경 제거 및 GIF 만들기

01 스냅시드(Snapseed) 후 보정
02 GIF(움직이는 사진) 만들기

01 배경 제거(누끼 사진) 하기

1 프로그램을 이용해서 배경 제거 쉽게 하기

2 영상과 사진으로 GIF 만드는 방법 익히기

상세 페이지에서 제품을 표현하는 데 20여 장의 많은 사진이 사용됩니다. 또한 고객들의 이해와 사용법, 제품을 강조하기 위해서 배경을 제거한 누끼 컷과 움직이는 사진인 GIF도 많이 사용하는 것이 추세입니다. 포토샵을 할 줄 몰라도 이 단원에서는 무료 프로그램을 이용해서 배경 제거와 GIF를 만들어 보겠습니다.

01-1 제품 사진 배경을 쉽게 지우는 방법

무료 프로그램 리무브를 이용한 배경 제거

인물 사진을 촬영하거나, 제품 사진을 촬영했을 때 배경을 지우고 싶은데 참 난감합니다. 포토샵에서 작업을 하자니 오랜 시간을 투자해야 하는 소위 '노가다'입니다. 이런 괴로움(?)을 한 방에 해결할 수 있는 방법이 있습니다. AI가 자동으로 배경을 깔끔하게 제거해주는 사이트와 어플입니다. 우리나라 사이트는 아니지만 한국어 지원이 됩니다. 바로 아래 사이트입니다.

※ 리무브.bg https://www.remove.bg/ko

※ remove.bg 바로가기

remove.bg는 웹 사이트뿐만 아니라 어플로도 사용 가능하지만 어플은 아쉽게도 안드로이드 폰만 지원됩니다. 아이폰에서는 사이트로 접속하면 어플과 동일하게 사용하실 수 있습니다.

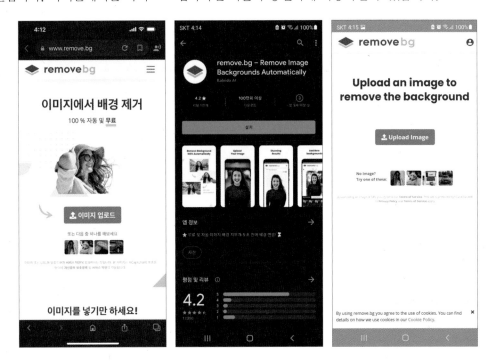

사용법도 아주 간단합니다. 시작화면에서 사진을 올리면 배경을 자동으로 정리합니다. 사용자 구분이 나오는데 '개인용'을 제외하고는 유료로 책정되어 있습니다. 일단은 개인용으로 다운로드합니다. 배경이 지저분했던 제품 사진이 깔끔해졌습니다. 배경 작업을 할 때 아주 까다로웠던 머리카락 부분도 아주 좋은 퀄리티를 보입니다. 배경이 지워진 파일은 PNG(투명 배경 파일)로 저장할 수 있어 배경합성이 가능합니다.

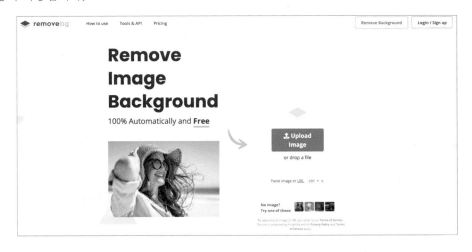

remove 사용 전과 사용 후 비교

물론 친절하게도 사이트 안에서 배경과 배경색을 변경할 수도 있습니다. 배경이 지워지고 다운로드하기 전 상태에서 'Edit'를 누르면 선택할 수 있는 화면이 나옵니다. 원하는 배경과 색이 있으면 변경후 저장하면 됩니다(저는 별로 권할 만한 배경이 없었습니다만). 사진을 직접 올려서 배경으로 사용하거나 색을 지정할 수도 있습니다.

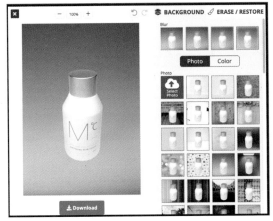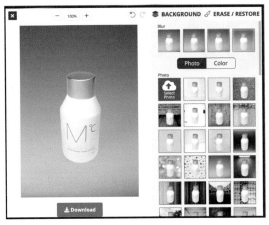

배경과 배경색 변경 예제

배경 옆의 '삭제/복구(Erase/Restore)'를 누르시면 필요 없는 부분을 지울 수도 있고 지워진 부분을 복구할 수도 있습니다. 이렇게 사용하기 편하고 좋은 사이트(어플)인데 아쉬운 점은 무료로 다운로드할 수 있는 사진 용량입니다. 무료는 419×596 해상도 파일만 받을 수 있습니다. 풀 프레임 이미지는 유료입니다. 웹에 올리거나 인쇄를 하지 않는 곳에는 충분히 사용할 만한 화질입니다.

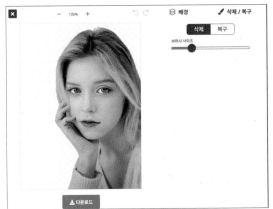

이미지 삭제, 복구 기능

02 GIF(움직이는 사진) 만들기

쇼핑몰 관련 제품 사진 강의 중에, 요즘 쇼핑몰에서 흔하게 보이는 움직이는 이미지에 대한 질문이 있었습니다. 그 질문은 소위 말하는 '움짤(GIF) 사진이나 영상을 쉽게 촬영하거나 만드는 방법이 있나요?'입니다. 물론 전문 프로그램 포토샵으로 하는 방법이 있습니다. 하지만 포토샵으로 움짤 사진을 만들려면 과정이 복잡합니다. 그래서 여기서는 간단하게 만들 수 있는 사이트와 앱을 알려 드리려고 합니다. 물론 무료입니다.

02-1 간단하게 움직이는 사진 만들기

움직이는 이미지(GIF) 만들기로 요즘 가장 많이 쓰이는 사이트(ezgif.com)입니다. 사진으로 움짤 만들기, 동영상으로 움짤 만들기, 자르기, 회전하기, 속도조절, 음소거, 용량 최적화 등 모든 기능이 있는 사이트입니다. 영어로 되어 있지만, 크롬에서 확장 프로그램의 번역기능을 이용하거나 그냥 사용하셔도 그리 어렵지 않습니다.

위 그림에서 보이는 아이콘 중에서 맨 오른쪽에 있는 'GIF Maker'를 누릅니다. 그럼 다음과 같은 화면이 나옵니다.

'파일선택'이라고 되어 있는 부분을 누르고 내가 움직이는 짤로 만들고 싶은 사진들이 들어있는 폴더로 갑니다. 되도록 연속적인 사진이면 움짤이 좀 더 자연스럽습니다. 움짤로 만들려는 사진 이미지의 크기는 6MB 이하만 가능하고 최대 용량은 100MB를 넘기면 안 됩니다. 원하는 수만큼 사진을 선택했으면 밑에 파란색으로 보이는 'Upload and make a GIF'를 누릅니다. 그러면 다음과 같은 화면이 나오면서 세부 조정을 할 수 있습니다.

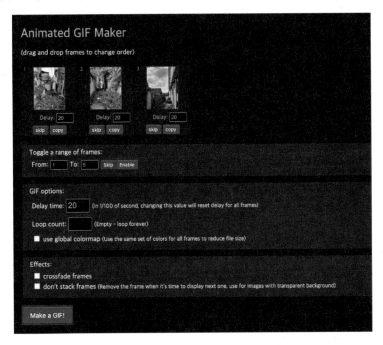

각각의 이미지는 마우스로 끌어서 순서를 바꿀 수 있습니다. 두 번째 칸의 'GIF option'은 사진이 넘어가는 시간을 조절하는 Delay time, 움짤 반복 횟수를 조절하는 Loop count(아무 것도 넣지 않으면 무한 반복됩니다), 그 밑의 체크 박스 부분은 체크했을 때 사진의 전체 색을 동일하게 맞추면서 파일 크기를 줄이는 효과입니다. 세 번째 칸의 'Effects'의 첫 번째 체크 박스는 화면 전환 시 화면이 크로스페이드 되는 것이고, 밑의 체크 박스는 사진이 넘어갈 때 투명한 이미지 위에 표현된다는 것이므로 굳이 만질 필요는 없습니다.

'Make a GIF'를 누르면 움직이는 움짤이 완성됩니다. 파일 크기와 너비, 높이, 프레임 수가 표시되고 파일 크기를 줄이기 위해서 GIF를 최적화하라는 경고문이 나옵니다.

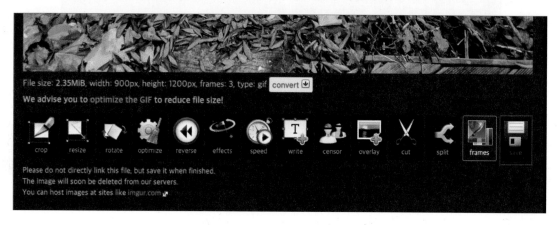

아이콘은 순서대로, 자르기/크기 조정/회전/최적화/뒤집기/효과/속도/텍스트 집어넣기 등등 다양한 조정을 할 수 있습니다. 그냥 내보내고 싶거나 조정을 다 했다면 제일 오른쪽 아이콘인 'save(저장)'을 누르시면 됩니다. 주의할 점은 효과를 많이 줄수록 파일 크기가 커져서 GIF 용량이 늘어난다는 것입니다.

02-2 어플 이용해서 움직이는 사진 만들기

컴퓨터에서 움짤 만드는 것이 귀찮으신 분들을 위해서 스마트폰 어플을 소개합니다. 여러 가지 움짤 어플들이 있는데, 화질 면에서나 귀찮은 광고 등의 문제로 ImgPlay를 선택했습니다. 앱스토어나 플레이 스토어에서 'ImgPlay'를 검색하셔서 설치하신 다음 사용해 보시면 쉽게 만드실 수 있습니다. 단, 무료 버전이라서 우측 하단에 회사 로고가 찍힌다는 점이 단점입니다. 고화질의 움짤은 아니지만 웹상에 올리는 것이나 간단히 만들기에 좋습니다.

1 이미지 배경 제거를 하는 무료 프로그램은 remove.bg입니다.

2 remove.bg는 안드로이드는 어플로 아이폰은 웹 접속으로 사용가능합니다.

3 GIF는 ezgif.com에서 만들 수 있습니다.

1 remove.bg를 이용해서 배경 제거 연습을 합니다.

2 ezgif.com에서 사진과 동영상으로 GIF를 만들어 봅니다.

3 어떤 제품에 누끼 컷과 GIF를 사용하면 좋을지 생각해 봅니다.

제품 사진을 고급스럽게 만드는 구도 및 조명법, 스타일링

01 제품 사진 구도의 기본
02 빛의 이해와 종류
03 제품 사진은 스타일링이다
04 (푸드) 스타일링의 법칙

01 제품 사진 구도의 기본

1 사진 구도 뜻과 좋은 구도의 이해
2 사진 구도의 기본인 3분할 구도의 이해와 응용
3 골든트라이앵글 구도의 이해와 응용
4 색상별 특징 및 보색과 유사색의 이해
5 수평 · 수직선, 대각선 구도의 이해와 응용

01-1 남다른 사진을 위한 구도와 구성

사진을 어떻게 하면 잘 찍을 수 있느냐는 질문에 많은 사람들이 노출을 잘 맞추고 구도를 잘 잡아야 한다고 말합니다. 구도란 무엇일까요? 구도는 미술에서 나온 것으로 '그림에서 모양, 색깔, 위치 등의 짜임새'를 말합니다. 회화의 구도가 사진에서는 구성 요소인 빛과 색, 조화와 원근법등을 한 장의 사진 안에 안정감 있게 배치하는 것을 말합니다. 주제가 되는 피사체를 의도대로 한 장의 사진 안에 구성하는 것입니다.

사진 구도는 사진에 디자인적인 균형을 부여하고 사진의 주제 부분에 주의를 기울이게 만들어 줍니다. 또한 보는 사람의 시선을 주제로 유도해서 보다 매력적인 사진을 만들어줍니다. 구도는 좋은 사진을 구분하는 기준이 됩니다. 이러한 사진 구도는 법칙에 얽매이거나 눈으로 본 것을 그대로 표현해 내는 것이 아닙니다. 단순하게 사진을 만드는 중요 요소들을 조화롭게 배치하는 것에 한정되지 않습니다. 촬영자가 강조하려는 주제에 사람들의 시선이 머물게 하는 것입니다. 이런 의미로 사진은 단순하게 찍는 것이 아니라 창조하는 것이라고 합니다.

구도의 3가지 기본 조건

구도는 내가 보고 있는 것과 내가 보여주고자 하는 것의 차이를 극복하는 방법입니다. 구도는 미술에서 발전했지만 회화와 사진 구도는 많이 다릅니다. 회화에서는 구도를 먼저 잡고 구성요소들을 캔버스에 채워가는 방식입니다. 사진은 피사체인 주제를 중심으로 원하는 부제들을 배치하는 방식입니다. 이런 이유로 사진을 뺄셈의 미학이라고 합니다. 사진 구도는 한 장의 사진 안에 내가 원하는 의미를 모두 담아야 합니다.

사진 구도나 사진 구성이라고 말하면 어딘지 이론적이고 어려워 보입니다. 하지만 그렇게 걱정할 필요는 없습니다. 우리는 이미 오래전부터 멋진 그림이나 사진, 영화 속 장면 등을 통해서 구도에 익숙해져 있기 때문입니다. '이런 장면이 이런 구도구나' 하는 이해만 있으면 됩니다. 또한 좋은 사진을 만드는데 구도가 중요하지만 절대적인 것은 아닙니다. 구도의 기본을 공부하고 열심히 촬영하다 보면 나만의 창의적인 구도가 만들어지기 때문입니다.

첫째, 주제가 되는 피사체와 주제를 가꾸어 주는 부제의 배치를 조화롭게 해야 합니다.

단순한 기록이 아닌 주제인 피사체와 배경이 가장 잘 어울리는 배치를 찾아야 합니다. 주제와 부제들을 늘어놓는 것이 아니라 사진을 보는 사람들이 내가 전하고자 하는 의미를 정확히 알 수 있도록 배치를 하는 것을 말합니다. 선택 하는 것과 조화롭게 배치하는 것이 구도의 첫 번째 기본 조건입니다. 구도는 사진이라는 건물을 완성하는 기초 공사입니다.

둘째, 주제가 되는 피사체를 확실하게 표현해야 합니다.

주제는 촬영자가 의도하고 보여주고 싶은 피사체입니다. 인물이 될 수도 있고 다른 대상들이 될 수도 있습니다. 주제를 확실하게 표현하려면 주제를 제외한 소재들을 이용해서 주제를 드러내는 방법을 연습해야 합니다. 즉, 화면 안에 있는 요소들을 주제를 가장 잘 표현하는 구도로 배치해야 합니다. 주제를 확실하게 표현할 때 주의할 사항은 배경 선택과 색상의 조화, 그리고 밝기 차이입니다.

셋째, 화면을 단순하게 처리해야 합니다.

주제를 살리고 사진 구도를 돋보이게 하려면 화면을 단순하게 만들어야 합니다. 단순한 화면 구성이 촬영자가 말하고 싶은 주제를 확실하게 나타냅니다. 배경을 단순하게 만들면 시각적으로 커다란 효과를 가져 옵니다. 색상 대비나 빛의 명암 차이를 이용해 주제를 더욱 드러나게 할 수도 있습니다. 단순한 사진화면 구성이 주제를 더욱 살리는 방법입니다. 가능한 필요 없는 것들을 빼고 사진을 단순하게 만들어야 합니다.

좋은 구도를 위한 기본 원칙

❶ 3분할 법칙을 알아야 합니다.

구도의 기본이며 정석인 3분할 구도는 카메라 화면(프레임)의 가로와 세로를 각각 3등분한 선을 말합니다. 3분할 법칙은 그리드를 활성화하는 것과 밀접한 관계가 있습니다. 프레임을 가로 3등분, 세로 3등분하는 안내선은 피사체를 완벽하게 배치하는 것에 도움을 많이 줍니다. 가로와 세로를 3등분한 선의 교차점에 주요 피사체를 위치시키는 구도입니다. 주제인 피사체를 프레임 중간에 놓아 사진이 밋밋해지는 것을 막아주는 구도입니다. 주제를 제외한 공간이 사진의 전체적인 느낌을 안정적으로 만듭니다.

3분할 구도로 촬영하면 평범하지만 안정적이고 편안한 사진이 됩니다. 사진 구도를 공부하다 보면 역사적으로 뛰어난 사진들 대부분이 3분할 구도를 기준으로 하고 있습니다. 하지만 사람들이 인정하는 사진은 3분할 구도를 벗어나 역동적이고 평범함을 거부한 사진들임을 볼 수 있습니다. 3분할 구도를 수평으로 분할했을 때는 안정적이고 정돈된 느낌을 줍니다. 3분할 구도를 수직으로 분할했을 때는 역동적이고 강렬하거나 극적인 느낌을 줍니다.

3분할 구도

❷ 사진의 깊이감을 더하기 위해 피사체의 앞과 뒷부분의 풍경을 잘 이용해야 합니다.

사진은 3차원의 세계를 2차원의 평면에 나타내는 행위입니다. 2차원의 사진을 3차원적인 입체감과 사진의 깊이를 더하기 위해 구도를 잘 선택해야 합니다. 사진의 앞부분인 전경과 중간부분인 중경, 그리고 멀리 있는 원경을 잘 배치해야 깊이감이 생깁니다. 다시 말하면, 주제인 피사체 앞과 뒤에 뭔가를 넣어주는 것입니다. 특히 주제 앞쪽에 위치한 흥미로운 요소들은 주제인 피사체를 더욱 돋보이게 해줍니다. 전경과 중경, 원경을 차례대로 배치해도 되고, 의도적으로 겹치게 만들어서 입체감을 줄 수도 있습니다.

❸ 선택적인 초점으로 원하는 주제에 시선을 집중시켜야 합니다.

선택적 초점은 사진을 보는 사람의 시선이 촬영자가 보여주려고 의도한 부분으로 가도록 주제를 제외한 다른 부분은 포커스 아웃(초점을 흐리게) 시키는 것을 말합니다. 즉, 사진의 주제에만 초점을 선명하게 하고 나머지 부분을 흐리게 만드는 것입니다. 선택적 초점 사진을 만들기 위해서는 이미 배웠던 '피사계심도'가 중요합니다. 사진에서 초점이 맞은 것으로 인식되는 범위인 피사계심도를 잘 사용하는 것이 중요합니다.

❹ 배경에도 신경을 써야 합니다.

사진 구도는 단순하게 피사체를 배치하는 것으로 끝나지 않습니다. 피사체를 돋보이게 하는 완벽한 배경을 찾는 것도 중요합니다. 완벽한 배경이란 단순하고 깔끔하며 색상이 주제를 덮어 버리지 않는 것이 좋습니다. 배경을 흐리게 해서 주제인 피사체를 더욱 돋보이게 하는 것도 좋습니다. 또는 피사체에 가까이 다가가서 배경을 최소화 하는 것도 방법입니다. 산만한 배경은 시선을 분산시켜 주제로의 집중을 막는 요소입니다.

눈앞에 펼쳐진 멋진 광경이나 주제를 잘 촬영했는데, 결과물을 보니 산만한 배경에 묻히면 강렬함이 떨어집니다. 사람의 눈은 주제와 부제인 요소들을 분리해서 볼 수 있는 능력이 있지만 지저분한 배경은 그 능력을 반감시킬 수 있습니다. 촬영하기 전 눈에 거슬리는 배경은 없는지 살펴보고, 그런 배경을 피해서 구도를 잡아야 합니다.

산만한 배경의 예

❺ 사진속의 색상에 따라 사진의 느낌이 변합니다.

빨간 색을 보면 정열이 느껴지거나 불을 떠올리는 경험이 있으세요? 파란색을 보면 우울한 느낌이 들거나 노란색을 보면 기분이 좋아진 적도 있습니까? 사진 속에 있는 색은 감정을 표현하는 강력한 수단입니다. 촬영자가 원하는 색을 더욱 돋보이게 해서 의도를 강조할 수 있습니다. 주제인 피사체와 보색 관계의 색을 더해 주제를 더욱 강조할 수도 있습니다. 사진 구도에서 색은 아주 중요한 요소 중 하나입니다. 촬영하기 전에 주의 깊게 색상 대비를 찾아보면 사진의 감정이 살아납니다.

화려한 색은 눈에 잘 보이고 보는 사람의 시선을 자극하거나 다양한 감정을 느끼게 만듭니다. 주제의 시각적인 무게를 강하게 하고 싶다면 색을 잘 사용하는 것이 중요합니다. 우리는 색상학을 공부하는 것이 아니라 색이 가지고 있는 고유의 특성이 무엇인지를 아는 것이 중요합니다. 색이 사진에 어떻게 쓰이고 어느 감정을 표현하는 것인지 아는 것이 중요합니다.

사진에서 색은 주제를 강조하거나 주제와 조화를 이루기 위해 사용됩니다. 사진에서 색을 잘 사용하려면 비슷한 느낌의 유사색과 보색을 잘 이용하는 것입니다. '유사색'은 비슷한 것이 아닌 색상환에서 인접한 색이 정확한 표현입니다. '보색'은 색상환에서 서로 마주보고 있는 색을 말합니다.

색상환에서 보시는 것과 같이 유사색은 노랑의 경우 양 옆의 주황과 노랑이고, 파랑의 경우 남색과 청록입니다. 유사색을 사진에서 잘 사용하면 통일성이 느껴져 사진 느낌이 편안함을 줍니다. 보색은 색상환에서 서로 반대 방향에 있는 색을 말합니다. 빨강의 보색은 청록이고, 파랑의 보색은 주황처럼 반대 방향에 있는 색이 보색입니다. 보색은 사진에서 같이 사용하면 활기찬 느낌을 주거나 강한 인상을 줍니다. 피사체를 강조하거나 주제인 피사체로 시선을 이끌고 싶을 때 보색을 사용하면 됩니다.

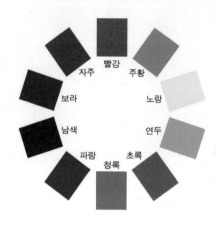

기본적인 10색상환

유사색과 보색에 대해서 어느 정도 알게 되었다면 각각의 색이 가지고 있는 특성을 알아야 합니다. 색의 특성과 색이 가진 느낌을 잘 이용해서 사진에서 표현해 봐야 합니다. 풍경 사진 뿐 아니라 인물 사진의 배경색을 찾는 것이든지, 음식 사진에서 음식을 더 돋보이게 하는 등 여러 가지에 색이 가진 특성을 이용하면 됩니다. 사진 디자인에서 색을 잘 이용하는 것이 좋은 사진을 찍는 법 중 하나입니다.

• **색상별 느낌과 특징**

1 빨간색 : 빨간색은 힘찬 생명력이 느껴지는 에너지가 강한 색입니다. 힘이나 권위, 전쟁, 따듯함, 열정, 위험이나 경고, 공격성, 경고, 뜨거운 사랑 등을 붉은 색으로 표현합니다. 빨간색은 자극이 크고 시선을 사로잡는 힘이 느껴져서 심리적으로 정열이나 흥분 상태를 표현합니다. 빨간색은 보색인 청록색을 배경으로 했을 때 가장 강렬한 느낌을 줍니다.

② 노란색 : 노란색은 빛을 상징하고 강렬하거나 활기찬 느낌을 주는 색입니다. 노란색은 밝고 경쾌한 느낌을 주는 색으로서 희망이나 행복, 부와 풍요로움을 상징합니다. 노란색은 검은색을 배경으로 했을 때 가장 강렬하게 표현됩니다. 보색인 남색과 파란색이나 보라색과 사용하면 선명한 느낌의 이미지가 만들어 집니다.

❸ 파란색 : 파란색은 차가운 느낌을 주는 색입니다. 파란색은 시원함과 차가움, 신선함을 표현하는 색입니다. 파란색은 차가우면서도 차분한 분위기로 신비로움과 사색적인 분위기를 만듭니다. 파란색의 신비로움과 사색적 느낌은 바다나 하늘을 촬영한 사진에서 자주 볼 수 있습니다. 파란색의 차가움은 보색관계인 따뜻한 오렌지색과 함께 사용될 때 느낌이 강합니다.

❹ 초록색 : 초록색은 마음을 차분하게 만들고 안정감을 주며 자연을 상징합니다. 젊음과 싱그러운 느낌, 평화, 안전, 희망을 상징합니다. 초록색은 긍정적인 힘을 나타내고 집중력을 높여 주는 색입니다.

5 보라색 : 보라색은 종교적인 느낌을 가지고 있어 신비스럽고 경건함을 나타내는 색입니다. 보라색은 불길한 예감이나 죽음을 나타내거나 우아함을 표현하는 색입니다. 파란색과 붉은색이 섞인 것으로서 파란색의 차분함과 붉은색의 정열을 함께 가지고 있는 색입니다. 사진에서 보라색은 노란색과 조화를 이루지만 대비가 너무 극단적이라 조심스럽게 사용해야 합니다.

6 검은색과 흰색 : 검은색과 흰색은 사실 색으로 분류하지는 않는 무채색입니다. 하지만 사진에서 검은색과 흰색은 형태를 강조하거나 이미지를 살려주는 역할을 합니다. 검은색은 차분하고 엄숙한 느낌을 주고 죽음이나 침묵을 표현합니다. 검은색은 다른 색들의 배경으로 쓰여서 형태를 강조하기도 합니다. 흰색은 순결함과 모던한 분위기, 정직함과 순수를 상징하는 색입니다. 사진에서 흰색은 정확하게 표현하기 쉽지 않기 때문에 항상 노출에 신경 써야 합니다.

3분할 구도

3분할 구도는 사진의 가장 기본이 되는 구도라고 앞부분에서 배웠습니다. 3분할 구도로 촬영을 잘하기 위해서는, '스마트폰 카메라 설정'에서 배웠던 '그리드(격자, 안내선)'를 활성화하는 것을 잊지 말아야 합니다.

골든트라이앵글 구도

골든트라이앵글 구도는 3분할 법칙과 비슷하지만 더욱 역동적인 느낌의 구도입니다. 프레임 한 쪽 모서리에서 대각선 방향으로 선을 그어주고, 대각선이 그어지지 않은 두 모서리에서 직각으로 선을 그어줍니다. 이 두 개의 대각선이 만나는 두 점에 주제와 부제를 배치합니다. 또는 주제가 되는 피사체와 대비나 대칭되는 요소를 배치합니다.

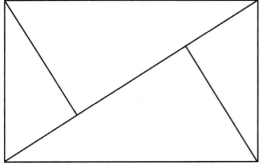

수평선 · 수직선 · 대각선 구도

1 안정감을 주는 수평적 구도 : 안정감을 주는 수평적 구도는 풍경 사진에서 많이 사용합니다. 사진의 중간을 가로지르는 1/2 구도나 사진 위, 아래 1/3 지점을 가로지르는 구도입니다. 중앙을 1/2로 가로지르는 수평구도는 불안한 느낌을 줄 수 있어 특별한 경우에만 사용합니다. 사진 위, 아래 1/3 지점을 가로지르는 수평구도가 가장 많이 쓰이며 바다, 하늘, 일출이나 일몰 등을 촬영할 때 좋습니다. 수평구도는 평온함, 고요함을 주고 안정적인 휴식 같은 느낌을 줍니다.

2 깊이감을 주는 수직적 구도 : 안정적 수평적 구도와 달리 수직적 구도는 깊이감과 역동적인 느낌을 줍니다. 화면의 폭이 좁아 시선을 피사체로 모을 수 있습니다. 길이감과 위협적인 느낌도 함께 줍니다.

❸ 역동적인 느낌의 대각선 구도 : 대각선 구도는 대각선을 이용해 운동감, 불안감, 원근감 등을 나타내는 구도입니다. 구도 종류 중 가장 역동적인 구도이며 대각선 기울기가 클수록 운동성이 커집니다. 또한 대각선 각도에 따라 보는 사람의 시선이 주제를 향해 이동합니다. 원근감을 나타내는 효과로 소실점 구도와 느낌이 비슷하지만 소실점 구도는 한 곳으로 모으는 효과가 있고, 대각선 구도는 시선의 이동을 유도하는 효과가 다릅니다.

1 구도는 주제가 되는 피사체를 의도대로 한 장의 사진 안에 구성하는 것입니다.

2 구도의 3가지 기본 조건은, 주제가 되는 피사체와 주제를 가꾸어 주는 부제의 배치를 조화롭게 하는 것, 주제를 확실하게 표현하는 것, 화면을 단순하게 처리하는 것입니다.

3 좋은 구도를 위한 기본 원칙은, 3분할 구도의 이해와 전경과 중경, 원경의 활용, 아웃 포커스의 사용, 주제를 살리는 배경, 상황에 맞는 색상 사용에 있습니다

4 빨간색은 힘이나 권위, 전쟁, 따뜻함, 열정, 위험이나 경고, 뜨거운 사랑을 나타냅니다.

5 노란색은 희망이나 행복, 부와 풍요로움을 상징합니다.

6 파란색은 차가우면서도 차분한 분위기로 신비로움과 사색적인 분위기를 만듭니다.

7 초록색은 젊음과 싱그러운 느낌, 평화, 안전, 희망을 상징합니다.

8 보라색은 불길한 예감이나 죽음, 우아함을 표현하는 색입니다.

9 검은색과 흰색은 형태를 강조하거나 이미지를 살려주는 역할을 합니다.

10 제품 사진을 위한 기본 구도로는 3분할 구도, 골든트라이앵글 구도, 수직선 · 수평선 · 대각선 구도가 있습니다.

1 기본 구도를 이용해서 제품 사진을 촬영해 봅니다.

2 보색과 유사색의 차이를 이해하고 제품 촬영에 사용합니다.

3 동일한 제품을 각기 다른 배경에서 촬영하고 차이점을 찾아봅니다.

02 빛의 이해와 종류

■ 사진에서 빛의 역할 이해
■ 빛의 종류에 따른 분류(자연광과 인공광) 이해
■ 빛의 방향성에 따른 분류 이해
■ 빛의 역할에 따른 분류 이해

02-1 제품 사진 촬영을 위한 빛의 이해

제품 사진을 촬영하는 데 있어서 중요한 기본 조건은 크게 네 가지로 나눕니다. 빛과 구도, 스타일링, 후 보정입니다. 앞에서 구도와 후 보정은 배웠으니 이번 시간에는 빛(조명)에 대해서 알아보겠습니다.

'사진은 빛의 예술이다'라는 말을 한 번쯤은 들어 보셨을겁니다. 사진은 빛을 다루고 빛이 있어야 완성되는 예술입니다. 이때 빛을 발하는 물질을 광원이라고 한다는 것은 화이트밸런스에서 잠깐 말씀드렸습니다. 빛은 자연광과 인공광으로 구분합니다. 자연광은 태양광을 말하며, 태양이 반사된 반사광이나 물체나 구름을 투과해서 비추는 확산광도 자연광에 포함됩니다. 인공광은 자연광을 내기 위한 기구로써 순간광과 지속광으로 나눕니다(우리는 스마트폰 제품 사진을 다루고 있으니까 지속광이 필요합니다).

02-2 빛의 성질에 따른 분류

직사광

빛을 발하는 물질, '광원'에서 나온 빛이 어디 부딪히거나 물체를 통과하든지, 반사되지 않고 피사체에 직접적으로 비추는 빛을 말합니다. 대개의 경우 우리는 생각하기를, 직사광의 대표적인 맑은 날 강렬한 햇빛이 사진이 잘 나올 것이라고 생각합니다. 하지만 직사광은 빛이 강해서 명암의 대비가 심하고 피사체의 질감이 거칠어집니다. 직사광은 섬세하고 부드러운 이미지를 얻기에는 안 좋은 빛입니다.

확산광

확산광은 흐린 날 태양이 구름을 통과해서 비추거나, 인공조명을 피사체에 직접 비추지 않고 천장이나 벽 또는 확산되는 물체를 통과해서 비추는 빛을 말합니다. 확산광은 직사광과 달리 명암의 대비가 약하고 빛이 부드럽습니다. 확산광은 어두운 부분과 색이 살아나고 피사체의 디테일도 살아나게 됩니다. 확산광은 부드러운 인물 사진이나 감성적인 풍경 사진에 좋은 빛입니다.

인물 사진과 풍경 사진에 최적의 빛, 매직 아워

❶ 매직아워란 무엇인가?

좋은 빛이 좋은 사진을 만든다는 것은 이제 모두 알게 되었습니다. 이제는 언제 촬영하면 좋은 사진이 되는지 촬영하는 시간대에 따른 효과를 알아보겠습니다. 사진 촬영에 좋은 빛은 피사체가 인물, 풍경 상관없이 느낌을 잘 표현하는 빛이 비추는 시간대가 가장 좋은 빛입니다. 해 뜨고 나서 아침부터 오전 11시 이전까지의 빛과 해 지기 한 시간 전부터 해가 지고난 후 한 시간까지의 빛이 좋은 빛입니다. 이 중에서도 일출 후 한 시간과 일몰 전 한 시간을 매직아워 또는 골든아워라고 합니다.

빛에 따른 피사체의 느낌은 하루 종일 변합니다. 해 뜨기 전 새벽빛은 차가운 느낌의 파란색과 더불어 차분한 분위기를 만들어 냅니다. 해가 뜨면 노란색과 오렌지 레드의 색이 주위를 감싸는 빛이 됩니다. 짧은 일출 후 빛이 지나면 이른 아침의 빛은 부드럽고 맑은 느낌의 빛입니다. 아침의 빛은 긴 그림자를 만들어 피사체 질감을 살려 냅니다.

시간이 지나 오후가 되면 명암 대비에 좋은 측면광 빛이 됩니다. 부드럽고 긴 그림자를 만들고 입체감이 잘 표현되는 빛입니다. 해가 지기 한 시간 전부터는 빛에 황금색이 더해져서 따뜻한 분위기가 연출됩니다. 시간이 지날수록 황금빛은 절정에 달하다가 해가 지고나면 빛은 보라색과 푸른색이 공존하게 됩니다. 차츰 어두워져 푸른색이 어둡게 변해가면서 태양빛은 인공조명에 자리를 내주게 됩니다.

매직아워 또는 골든아워라고 불리는 '일출 후 한 시간과 일몰 전 한 시간'이 인물 사진과 풍경 사진을 촬영하기 가장 좋은 빛입니다. 이때 자연광에서 촬영하는 제품 사진 또한 질감이 풍부하고 색이 풍부한 사진이 됩니다. 좋은 사진은 어디에서 촬영하는지도 중요하지만 언제 촬영하는 것인지도 중요한 이유입니다.

낮과 밤이 교차되는 일출 후 한 시간과 일몰 전 한 시간, 매직아워(골든아워)입니다. 하늘은 붉은색과 노란색이 가득하고 인물과 풍경은 황금처럼 빛나는 시간입니다. 해가 뜰 때는 푸른빛이 많이 돌기 때문에 해가 지기 전 한 시간을 골든아워로 한정시키기도 합니다. 또 해가 지고난 후 30분 정도를 매직아워라고 하기도 합니다. 골든아워에는 사광이나 측면광, 역광 등 어느 빛도 사진에 다양한 느낌을 줍니다.

방향성에 따른 빛의 분류

빛은 피사체를 어디에서 비추는지 그 방향성에 따라서 순광(정면광)과 사광, 측면광, 역사광, 역광으로 나뉩니다.

빛은 빛이 비추는 방향성에 따라 정면에서 비추는 정면광(순광), 피사체의 45° 각도에서 비추는 사광과 피사체 90° 옆에서 비추는 측면광, 그리고 피사체의 뒤에서 비추는 역광과 역사광으로 구분할 수 있습니다.

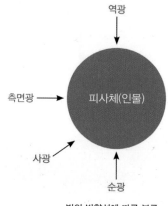

빛의 방향성에 따른 분류

정면광(순광)

해를 등지고 피사체 정면으로 비추는 빛을 정면광(순광)이라 합니다. 피사체를 밝게 촬영할 수 있어 좋지만 질감이 느껴지지 않아 밋밋한 사진이 됩니다. 피사체에 골고루 떨어지는 빛이 그림자를 없애므로 입체감 또한 떨어집니다. 하지만 피사체 표현이 밝고 부드러워서 자연스러운 사진에 좋습니다.

사광

피사체 좌우측 측면 45° 정도의 각도에서 비스듬하게 들어오는 빛을 말합니다. 화가인 렘브란트가 초상화에서 처음 사용한데서 렘브란트 라이트라고도 합니다. 피사체 정면 45° 방향 약간 위쪽에서 비추는 빛을 말합니다. 피사체에 그림자가 자연스럽게 생겨 입체감이 살아나는 것이 특징입니다. 인물 사진에서 가장 많이 사용하는 빛의 방향입니다. 사광은 자연광 상태에서는 일출 후 아침 시간대, 또는 일몰 전 시간대가 가장 표현하기 쉽습니다.

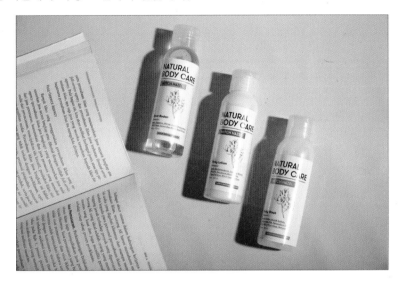

측면광

피사체 좌우측 바로 옆 90°에서 비추는 빛을 측면광이라 합니다. 밝은 곳과 어두운 곳의 차이가 크기 때문에 강한 느낌의 사진에 좋습니다. 피사체의 질감이 가장 잘 드러나는 빛이라고 할 수 있습니다.

역광

피사체 뒤에서 카메라를 향해 들어오는 빛을 역광이라 합니다. 역광은 잘 활용하면 분위기 있는 사진을 만들지만 잘못 사용할 경우 실망을 줄 수도 있습니다. 인물의 얼굴을 세세하게 표현하는 것보다 인물의 선과 형태를 강조합니다. 강렬한 제품 사진을 만들 수도 있습니다. 노출을 어디에 맞추느냐에 따라서 디테일이 살아나기도 하고 형태만 남은 실루엣 사진이 되기도 합니다.

제품 사진에 좋은 빛, 역사광

제품 사진을 촬영할 때 가장 선호하는 '역사광'은 사광하고 성질이 동일합니다. 피사체인 제품의 뒤쪽 45°에서 카메라 쪽으로 들어오는 빛을 말합니다. 역광 방향이지만 사광이라서 적당한 입체감과 함께 부드러운 빛으로 제품의 질감과 디테일을 살려냅니다.

역할에 따른 빛의 분류

주 조명 (Main Light)

주 조명은 주광이라고도 합니다. 일반적으로 카메라 좌·우측 측면에서 피사체 방향으로 45° 정도 각도로 비추는 빛입니다. 주 조명은 피사체의 형태와 모양, 질감을 결정하는 중요한 역할을 합니다. 자연광에서 태양광이라고 생각하시면 됩니다.

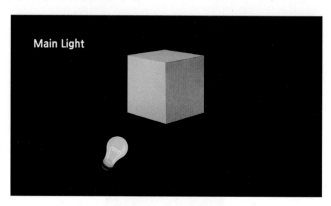

보조 조명 (Fill Light)

보조 조명은 필(Fill) 라이트라고도 합니다. 말 그대로 부족한 부분을 채우는 조명입니다. 태양은 광량이 풍부해서 피사체를 감싸고도 남습니다. 하지만 인공광은 비추는 각도나 광량이 한계가 있어서 주 조명이 미치지 못하는 부분을 채워줘야 합니다. 보조 조명은 주 조명이 미치지 못하는 반대쪽 그림자의 진하기(농도)를 조절합니다. 어두운 부분의 디테일을 살리려면 보조 조명을 잘 사용해야 합니다.

백 라이트 (Back Light)

백 라이트는 피사체 뒤쪽에서 카메라 방향으로 피사체를 비추는 빛입니다. 피사체의 테두리를 만들어 배경과 분리시켜 입체감을 만듭니다.

투명한 제품을 촬영할 경우 모양과 윤곽을 살리는 조명입니다. 피사체 쪽으로 비추는 빛이라서 배경을 비추는 배경 조명과 다른 조명입니다.

배경 조명 (Background Light)

배경 조명은 피사체 뒤쪽 배경을 비추는 조명입니다. 피사체와 배경과의 공간을 나누어서 입체감을 줍니다. 배경과 분리된 피사체를 만들어 줌으로서 피사체를 강조하는 효과가 있습니다.

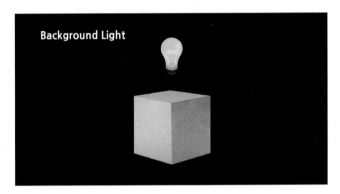

탑 라이트 (Top Light, Head Light)

탑 라이트는 피사체 위 또는 머리 위에서 아래로 비추는 조명입니다. 피사체 위 부분을 배경과 분리시키며, 피사체가 인물일 경우 머리와 어깨에 떨어지는 빛으로 평면적인 느낌을 없애줍니다. 인물 사진에 주로 사용하는 조명이지만 용도에 따라 사용가능 합니다.

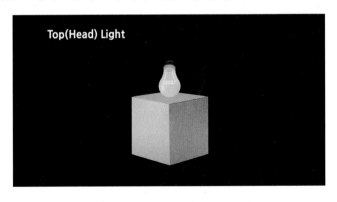

제품 사진 촬영시 빛을 잘 사용하려면, 다음 항목을 잘 관찰하고 생각합니다.

1 주 광원은 무엇이며 어느 방향에서 오는가?

2 다른 광원이 섞여 있는가?

3 화이트밸런스를 어떻게 설정할 것인가?

4 피사체의 그림자는 진한가, 부드러운가?

5 빛에 영향을 주는 요소들이 있는가?

6 빛의 반사가 카메라에 영향을 미치는가?

1 제품 사진 촬영에 중요한 4가지는, 빛과 구도, 스타일링, 후 보정입니다.

2 빛은 자연광과 인공광으로 나눕니다.

3 자연광은 태양광과 확산광, 반사광입니다.

4 인공광은 순간광과 지속광으로 나눕니다.

5 빛은 성질에 따라 직사광과 확산광으로 크게 나눕니다.

6 촬영하기 좋은 빛은 오전 9시~11시, 오후 3시~5시 사이의 빛입니다.

7 빛은 방향성에 따라 정면광(순광)과 사광, 측면광, 역사광, 역광으로 나눕니다.

8 제품 사진에는 입체감을 살리고 질감과 디테일을 나타내는 역사광이 많이 쓰입니다.

9 역할에 따른 빛의 분류는 주 조명, 보조 조명, 백 라이트, 배경 조명, 탑 라이트입니다.

10 빛에 대해서 아는 것은 제품을 어떻게 표현할지의 기초가 되기 때문입니다.

1 자연광에서 이른 아침, 정오, 저녁 5시 제품 촬영을 해봅니다.

2 직사광과 확산광에서 제품 촬영을 해서 느낌 차이를 알아봅니다.

3 방향성에 따른 빛을 실제 조명으로 연습해 봅니다.

03 제품 사진은 스타일링이다

1 제품 사진에서 스타일링의 중요성에 대한 이해

2 스타일링과 구도의 차이점 이해

3 스타일링의 기본 익히기

03-1 스타일링이 무엇인가?

우리는 지금까지 '잘 팔리는 제품 사진'을 촬영하는 방법에 대해서 배우고 있습니다. 잘 팔리는 제품 사진은 단지 예쁘게 찍는 것만 뜻하는 것은 아닙니다. 제품 사진은 고객이 제품에 대해 더 알고 싶도록 유도하고 궁극적으로 '구매'를 누르는 결과를 만들어야 합니다. 고객들이 구매 욕구가 일어나도록 매력적으로 촬영하는 것이 중요합니다. 매력적인 이미지를 만드는 방법 중 하나가 바로 '스타일링'입니다.

예제 사진에서, 사진 구도적으로 안정된 왼쪽 이미지와 요리 재료를 자연스럽게 스타일링한 오른쪽 이미지 중에 어떤 쪽에 시선이 더 머무시나요? 왼쪽 이미지도 무난하지만 어딘지 모르게 부족한 느낌이 듭니다. 이런 부분을 채워서 그 제품의 브랜드 이미지와 스토리를 만들어 내는 것이 스타일링입니다.

구도는 프레임 안에 여러 사진 요소들을 어떻게 배치해서 시선을 집중 시킬 것인가의 문제입니다. 스타일링은 프레임이라는 전체 공간을 연출하는 것입니다. 스타일링은 사진 구도가 우선되어야 하지만, 결과적으로는 공간(사진속의 프레임)을 꾸미는 연출 능력입니다. 제품을 아름답게 보이고 형태를 부각시키는 것, 제품의 색상과 질감을 강조하는 것 등이 스타일링의 역할입니다. 단순하게 예쁘게 꾸미는 것이 스타일링이 아닙니다.

03-2 스타일링을 잘 하려면?

스타일링은 일종의 이야기가 있는 연출입니다. 스타일링을 할 때는 주변의 사소한 요소들, 즉 천이나 러그, 작은 소품들 등이 많은 효과를 줍니다. 단순하게 조명이나 배경으로 전달할 수 없는 이야기를 보여주는 것이 스타일링입니다.

우리는 많은 경쟁업체들과 비슷한 제품들을 판매하고 있습니다. 비슷한 제품을 파는 다른 판매자들과 차별화해야 하고, 제품을 나만의 방식으로 보여줘야 합니다. 물론 초점은 항상 '제품'입니다. 주제인 제품을 제외하고 너무 많은 요소들을 프레임 속에 연출하면, 이미지가 어수선하고 제품으로 시선 집중이 어려워집니다. 스타일링 하는 요소들을 제품 특징에 맞춰서 어떻게 하면 더욱 매력적으로 보일 것인지 고민해야 합니다.

스타일링을 잘 하려면 다음과 같은 것들을 먼저 생각해야 합니다.

촬영 전에 항상 계획을 세워야한다

우리는 제품 사진을 촬영할 때 상세 페이지를 생각하면서 촬영 계획을 세우라고 배웠습니다. 마찬가지로 촬영 기획 단계에서 내 제품이 어떻게 하면 더 매력적으로 보일지 고민해야 합니다. 가장 먼저 할 일은 제품의 성질을 이해하는 것입니다. 스타일링을 하기 전에 상품에서 전달하고 싶은 것과 강조하고 싶은 것에 대해 정확하게 파악해야 합니다.

타겟으로 하는 고객은 누구인지, 상품 이미지는 어떻게 사용할 것인지 등에 대해 계획을 세워야 합니다. 제품 사진이 전달해야 하는 가장 큰 주제는 무엇인지 알아야 합니다. 어떻게 하면 제품의 기능과 용도를 더 나타낼 수 있는지 생각합니다. 제품별 연상되는 테마를 스타일링으로 사용해도 됩니다.

상세 페이지가 잘 만들어진 동종 제품 업체들은 어떻게 연출했는지 벤치마킹해야 합니다. 똑같이 하라는 것이 아닙니다. 나라면 이 부분은 이렇게 해야지 고민하는 것입니다.

스토리(이야기)를 만들어 본다

제품이 만들어진 이야기든지, 제품에 담겨진 이야기든지 어떤 것이든 좋습니다. 판매자 입장에서가 아닌, 구매자 입장에서 듣고 싶어할만한 이야기를 만들어 봅니다. 사람들은 제품을 구매하지만 감성이 있는 제품, 스토리가 있는 제품에 더 열광합니다. 갈수록 마케팅에 '사람(Humanity)'이 중요시되는 이유이기도 합니다. 상황에 맞는 소품을 잘 활용해서 이야기가 있는 스타일링을 연출합니다.

어떻게 하면 주제인 제품이 돋보일지 고민에 고민을 한다

일차적으로 사진 구도로 주제인 제품을 부각시켰다면, 이제는 스타일링으로 마무리해야 합니다. 주제를 돋보이게 하기 위해서 부제인 요소들은 어디에 어떻게 배치해야 하는지 고민합니다. 제품 특성에 맞춰 고급스럽게, 밝고 환하게, 때로는 상큼한 이미지로 다양하게 연출해야 합니다. 고민을 하면 할수록 좋은 스타일링이 됩니다. 단, 과하지 않게 단순하게 스타일링 합니다. 보여주고 싶은 데로 공간을 꾸미지만 항상 단순하게를 기억합니다.

전체적인 색상 및 배경 선택

색상은 감정을 자극하는 강력한 요소입니다. 밝고 화사한 색상은 제품을 행복하고 활기찬 것으로 생각하게 합니다. 파스텔 톤이나 차분한 색상은 제품의 성격을 가볍고 시원하게 생각되게 합니다. 제품 분위기에 맞는 색상 구성을 사용해야 합니다.

※ 색상 참고 사이트 : 어도비 칼라 https://color.adobe.com/ko/create/color-wheel/

제품 사진의 전체적인 느낌과 색상이 결정되면 스타일링을 위한 배경을 선택합니다. 배경 선택을 제품을 가치와 상품성을 결정짓는 중요한 요소입니다. 제품에 적합한 배경은 분위기를 만들고 향상시키는데 매우 중요합니다. 제품과 충돌하는 색상이나 주의를 산만하게 만드는 패턴 등은 피해야 합니다.

소품 선택

촬영 계획과 테마, 색상과 배경 등을 결정하면 이제 소품을 선택해야 합니다. 소품은 제품과 연관 있는, 제품으로써 연상되는 것들을 사용합니다. 소품은 늘어놓거나 쌓아 올려 배치합니다. 프레임 가득 채우시 말고 프레임 가장자리에 배치합니다. 제품을 구매하려는 사람들이 편안함을 가질 수 있도록 공간을 살려야 합니다.

소품이 제품보다 너무 크거나, 색상이나 모양이 너무 두드러져도 안 됩니다. 제품보다 큰 소품은 제품을 작아보이게 하므로 작은 소품을 사용해야 합니다. 소품이 제품 주제에 맞고, 제품을 살리는 요소로 작용해야 합니다. 소품이 제품을 방해해서는 안 된다는 것입니다.

· 소품의 예

1 식물 : 꽃이나 잎사귀, 다육 식물 등

2 작거나 오래된 소품 : 빈티지한 책, 패브릭, 리본, 안경, 사무용품, 작은 보석류, 잡지, 스마트폰, 펜, 파우치, 지갑, 작은 접시나 쟁반 등

3 배경 : 폼 보드, 나무판자, 바닥재, 타일, 벽지, 신문, 침대 시트, 러그 등

라이프 스타일 사진

제품 사진을 살리는 중요한 요소 중 하나는, 제품을 사용하는 사람입니다. 이미지에 사람이 추가되면 더욱 생생함을 전달할 수 있습니다. 제품을 사용하거나, 제품과 어우러진 사람 이미지는 자연스러운 스타일링이 됩니다. 또한 제품이 가장 많이 사용되는 위치나 사람을 생각해야 합니다.

미리 준비해서 신선도, 청결도 등을 유지한다

신선도가 생명인 육류는 어떻게 하면 신선함을 이미지에 담을지, 청결함을 어떻게 보여줄지, 과일이나 야채의 신선도를 어떻게 유지시켜 이미지로 표현할지 항상 생각하고 준비해야 합니다. 제품 사진은 있는 그대로 촬영하는 것이 아니고 약간은 과장되게 촬영하는 것입니다.

1 고객들의 구매를 유도하는 방법 중 하나가 스타일링입니다.

2 스타일링은 전체적인 공간 연출입니다.

3 스타일링은 이야기가 있는 연출입니다.

4 촬영 전에 항상 스타일링 계획을 세워야 합니다.

5 상황에 맞는 소품을 잘 활용해서 이야기가 있는 스타일링을 연출합니다.

6 색상과 배경 선택도 중요한 요소입니다.

7 스타일링은 과하지 않게 단순하게 해야 합니다.

8 라이프스타일 제품 사진은 제품의 신뢰도를 높입니다.

9 신선도, 청결도 등도 스타일링의 중요한 요소입니다.

1 한가지 제품을 선택해서 다양한 방법으로 스타일링 연습을 합니다.

2 제품별 필요한 소품이 무엇인지 리스트를 만들어 봅니다.

04 스타일링의 법칙

1. 푸드 스타일링의 법칙 이해
2. 푸드 스타일링의 4 종류 이해와 응용
3. 다양한 예제 사진을 통한 푸드 스타일링 이해

04-1 푸드 스타일링의 법칙

음식의 멋을 연출하고 더 나아가서 음식 맛을 살아나게 만드는 것이 푸드 스타일링입니다. 사람은 음식을 입으로 먹기 전에 눈으로 먼저 먹습니다. 보는 사람들의 침샘을 자극하고, 음식을 맛있어 보이게 연출·배열하는 것이 푸드 스타일링입니다. 이미지를 보는 사람들의 식욕을 자극하고 구매 욕구를 일으키게 만드는 것입니다. 음식을 주제로 한 상품 촬영 공간을 연출하는 것이 푸드 스타일링입니다.

푸드 스타일링은 맛을 시각화해서 보여주는 것입니다. 분위기를 만들고, 이야기가 담겨 있는 음식을 맛있게 보여주는 일입니다. 요리사는 맛있는 요리를 만들지만, 푸드 스타일링은 보기 좋고 먹고 싶어 하는 음식을 연출하는 것입니다. 음식의 질감과 모양, 신선도, 주변 요소 등을 살펴서 구매자를 유혹해야 합니다. 푸드 스타일링을 잘하려면 다음의 4가지 정도는 생각하셔야 합니다.

식기와 커틀러리에 질감을 추가하고 심플하게 선택한다

대부분 식기와 커틀러리는 매끄럽고 광택이 나는 소재들입니다. 광택이 나는, 즉 반짝이는 물체는 반사로 인해 사진 촬영할 때 문제가 많습니다. 조명 위치도 신경 써야 하고, 반사를 제거하지 못했다면 후 보정에서 제거해야 합니다. 시간적으로 손실도 생기는 부분입니다. 또한 매끄럽고 광택이 날 경우 매끄러움 이외에는 질감이 느껴지지 않습니다. 질감은 음식 사진을 보는 사람들에게 실제 요리를 보는 것 같은 느낌을 주는 중요한 요소입니다.

화려하고 색이 있는 식기류는 아름답게 보일 수 있지만 잘못하면 음식의 시각적인 맛을 약화시킬 수 있습니다. 강렬한 대비를 만드는 것이 아니라면 간단한 식기류가 음식에 더 집중할 수 있게 만듭니다.

원래 제공되는 양보다 적은 양으로 스타일링 한다

많은 양의 음식을 세팅하는 것이 먹음직스럽고 풍부하게 보일 수 있습니다. 하지만 음식이 너무 과하면 스타일링을 하는데 있어 좋지 않은 요인이 됩니다. 세팅되는 음식 양을 줄여서 공간을 확보하고, 확보된 공간을 다양하게 활용할 수 있도록 만들어야 합니다.

대비를 적극 활용한다

음식과 식기류와 대비, 식기류와 배경과의 대비 등 다양한 대비를 적극 활용해야 합니다. 밋밋한 식기에 담긴 음식을 살리는 방법은 음식과 대비되는 배경이나 주변 요소들입니다.

이야기를 만들어야 한다

스타일링에 쓰이는 작은 소품들이 음식에 어떤 영향을 미치는지 항상 생각해야 합니다. 이 음식이 화려한 호텔에서 먹는 고급 요리인지, 아늑한 집에서 먹는 집밥인지, 아니면 여행지에서 먹는 스트릿 푸드인지 상상할 수 있게 만들어야 합니다. 이야기가 사람들을 이끄는 요인이 됩니다.

푸드 스타일링은 기본적으로 식기류와 커틀러리, 러그나 테이블보 같은 천, 식재료의 4 종류로 나뉩니다.

식기류

음식이나 과일, 야채 등을 촬영할 때는 깨끗하고 하얀 식기가 좋습니다. 다양한 사이즈의 원형 식기를 준비해서 포인트를 주는 요소로 사용합니다.

도자기 종류 식기는 한식이나 디저트를 스타일링하는 데 좋습니다. 내츄럴한 이미지와 빈티지함을 내고 싶다면 목기류 식기가 좋습니다.

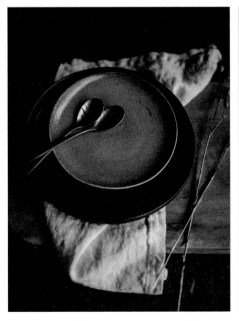

목재 식기는 방금 구워낸 듯한 자연스러운 이미지나 내츄럴한 느낌을 줍니다.

무늬가 있거나 색상이 있는 식기는 풍부하고 사랑스러운 감성을 줍니다. 다만 음식을 죽이는 색은 피해야 합니다. 어떤 식기를 사용할 것인지는 현장과 촬영하려는 제품, 음식의 질감, 색상에 따라 결정하시면 됩니다.

커틀러리(식사용 도구)

커틀러리(식사용 도구)는 푸드 스타일링에서 가장 쉽게 사용할 수 있는 기본적인 연출입니다. 수저 세트, 나이프, 포크 등을 가지런하게 놓음으로써 정갈한 느낌을 줍니다. 수저나 나이프, 포크 등을 자연스럽게 배치하면 생동감이나 현장감이 강조됩니다. 놓여진 형태에 따라서 사진의 분위기를 결정합니다.

러그 또는 테이블 보, 천

식탁에 깔린 러그나 테이블 보, 아니면 일상에서 자투리로 남은 천 등을 활용해서 스타일링을 하실 수 있습니다. 이때 중요한 점은 제품(음식)의 질감에 맞는 천이나 색상에 어울리는 천을 사용하셔야 합니다. 전체를 보여줄 수도 있고, 일부분을 프레임에 넣음으로써 자연스러운 연출을 할 수 있습니다. 현장에서 여기저기로 다양하게 위치를 바꿔가면서 느낌을 보셔야 합니다.

러그나 천을 사용하실 때는 펴서 사용하셔도 좋지만 자연스럽게 구겨서 사용하셔도 됩니다.

식재료

음식을 촬영할 때 식재료가 포함되면 이야기가 만들어지고 신선함을 강조할 수 있습니다. 식재료를 손질하는 사람이나, 식재료를 손질하는 모습, 손 등으로 포인트를 주실 수 있습니다. 식재료를 바닥에 자연스럽게 늘어놓음으로써 지금 방금 만들어진 듯한 현장감을 제공합니다. 전달하고 싶은 내용을 스토리로 만들되 과하지 않게 연출해야 합니다.

1 푸드 스타일링은 음식의 멋을 연출하고, 음식 맛을 살아나게 하는 것입니다.

2 음식을 주제로 한 상품 촬영 공간을 연출하는 것이 푸드 스타일링입니다.

3 푸드 스타일링은 맛을 시각화하는 작업입니다.

4 푸드 스타일링을 잘 하려면 첫째, 식기와 커틀러리에 질감을 추가하고 심플하게 선택합니다.

5 두 번째는, 원래 제공되는 양보다 적은 양으로 스타일링해야 합니다.

6 세 번째는 대비를 적극 활용합니다.

7 네 번째는 이야기를 만들어야 합니다.

8 푸드 스타일링의 기본 4가지는 식기류와 커틀러리, 러그나 테이블 보 등의 천, 식재료입니다.

1 판매하려고 하는 제품 스타일링에 맞는 소품 목록을 적어 봅니다.

2 다양한 방법으로 스타일링 해봅니다.

3 타사 상세페이지를 벤치마킹해 봅니다.

상품 매출을 올리는
실전 촬영 및 보정법

01 스마트폰 제품 사진 촬영 기획하기

02 제품 사진 촬영 기본 조명법

03 반사판 및 디퓨저, 그림자 소품 만들기

04 흰색 배경 제품 사진 촬영

05 어두운 배경 제품 사진 촬영

06 제품을 살리는 배경 선택

07 투명한 유리 제품 촬영법

08 음식을 더 맛있게 촬영하는 방법

09 제품 사진별 촬영 방법 분석

01 스마트폰 제품 사진 촬영 기획하기

1 스마트폰 제품 사진 촬영 전 기본 준비사항 이해

2 제품 사진 촬영 준비물 알아보기

3 촬영 계획서 작성 및 제품별 필요 이미지 기획 이해

01-1 스마트폰 제품 촬영 전 기본 준비사항

제품 사진 촬영 전 알아야 할 것들

❶ 어떤 사진이 필요할까?

우리는 이미 앞에서 '좋은 제품 사진을 위해 먼저 살펴야 할 것들'에 대해 알아 봤습니다.

1 상세 페이지를 생각하고 촬영 계획을 수립한다.

2 촬영할 제품의 성질을 파악한다.

3 제품의 가장 좋은 각도를 찾는다.

4 배경과 조명 방법을 결정한다.

5 세팅 변화 없이 다양한 구도로 촬영한다.

제품 사진 촬영의 기본적인 목적은 '제품을 잘 팔리도록 만드는 것'입니다. 다섯 가지 고려되어야 할 사항들을 생각한 다음에는 시간과 비용 절약을 위해 세부적인 촬영 계획을 세워야 합니다. 전문가에게 의뢰를 하는 제품 사진이든, 아니면 내가 직접 찍는 제품 사진이든지 상관없이 다시 촬영 한다는 것은 어렵습니다. 철저한 사전 준비로 한 번에 끝낼 수 있도록 해야 합니다.

상세 페이지 각 부분에 어떤 사진이 필요한지, 페이지의 빠른 로딩을 위해서 이미지 크기는 어느 정도로 해야 할지 결정해야 합니다. 사진을 사용할 것인지 소위 '움짤'을 사용할 것인지, 전체적인 톤은

어떻게 맞출 것인지 생각해야 합니다. 후 보정이 만능이 아니므로 원본 품질에도 신경을 써야 합니다. 어떻게 하면 제품이 가진 특성과 장점을 잘 전달할 수 있을지 고민해야 합니다.

어떤 사진을 촬영해야 하는지, 어떤 사진이 필요한지 궁금하다면 다음과 같은 방법이 있습니다.

첫 번째, 디자인이나 편집에서 창의적인 아이디어를 얻을 수 있는 다양한 '레퍼런스(참고) 사이트'를 활용하는 것입니다. 다양하게 참고할 만한 사이트들이 있지만 다음 사이트들이 주로 사용됩니다.

1 핀터레스트 (https://www.pinterest.co.kr/) : 검색창에 원하는 제품 이미지를 검색하면, 다양한 이미지들이 나옵니다. 다른 사람들은 어떤 식으로 했는지 원하는 이미지를 참고할 수 있습니다.

2 비핸스 (https://www.behance.net/) : 어도비에서 국내외 크리에이터들의 포트폴리오를 모아 놓은 사이트입니다. 디자이너들이 만든 것들이라 수준 높은 이미지들이 많습니다.

3 디자인스피래이션 (https://www.designspiration.com/) : 핀터레스트와 대조되는 사이트입니다. 핀터레스트는 일반인을 위한 이미지 사이트라면, 디자인스피래이션 사이트는 디자이너에게 좀 더 맞춰진 곳입니다. 이 말은 좀 더 차별화 된 이미지들을 검색할 수 있다는 것입니다.

두 번째, 벤치마킹입니다. 지금 우리가 판매하려는 제품들은 이미 시장에 널려 있습니다. 수 많은 경쟁사들이 존재하는 것입니다. 우리는 이들을 무시하고 질투할 것이 아니라 제품 사진을 촬영하는 데 충분히 이용해야 합니다. 경쟁사나 상위 판매사들의 상세 페이지를 분석해야 합니다. 상세 페이지 구성은 어떻게 했는지, 사진과 움짤, 동영상은 어떻게 배치했는지, 어떤 사진을 촬영했는지 분석해야 합니다.

1 상세 페이지 구성의 흐름과 경향을 파악합니다.
2 전체적인 레이아웃을 살피고, 각각의 레이아웃마다 사용된 이미지를 분석합니다.

똑같이 하라는 것이 아닙니다. 여러 상세 페이지를 분석하고 나만의 구성을 하라는 것입니다. 상대 제품이 잘 팔리고 있다면 반드시 그 이유가 있습니다. 제품 퀄리티는 어느 제품이나 비슷비슷 합니다. 그렇다면 매출을 끌어 올리는 다른 요소들이 무엇인지 알아야 합니다. 이미지와 상세 페이지 구성이 매출에 어떤 영향을 미치는지 알아야 합니다. 벤치마킹 하십시오. 부끄러운 일이 아닙니다.

어떻게 촬영할까?

매출을 올리는 제품 사진은 상세 페이지를 고려해서 다음과 같이 촬영됩니다. 상세 페이지 흐름에 따라 어떤 이미지들이 필요한지만 살펴봅니다. 각 제품별 필요한 구체적인 이미지들은 이 단원 뒷부분에서 다루겠습니다.

1 인트로 이미지

2 제품 설명 이미지

3 제품을 강조하는 누끼 컷 또는 연출 이미지

4 상세 이미지

5 클로즈 업 이미지

6 레시피 및 취급 요령, 보관 방법 등 이미지

스마트폰 인물 사진 모드와 줌 기능의 사용

1 **스마트폰 인물 사진 모드를 활용한 촬영** : 상세 이미지나 클로즈 업 이미지 등을 촬영할 때 인물 사진 모드를 활용하면, 주제가 강조되고 배경은 자연스럽게 흐려집니다(앞의 파트 Ⅰ-3 '갤럭시, 아이폰 인물 사진 모드의 활용'에서 배웠던 내용을 떠올리시면 됩니다). 아이폰이나 갤럭시 모두 인물 사진 모드는 피사계심도를 얕게 만들어서 주제를 선명하게 만듭니다. 앞에서도 언급됐지만, 아이폰 인물 사진 모드로 제품 사진을 촬영할 때 조명은 '윤곽 조명'으로 해야 합니다.

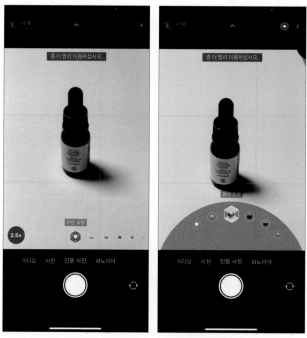

아이폰 인물 사진모드(좌) / 조명 선택(우)

🖪 스마트폰의 줌 기능사용 : 스마트폰으로 제품 사진 촬영을 할 때 가장 주의할 점이 줌 기능의 사용입니다. 대부분의 전문가들이 스마트폰에서는 줌 기능을 사용하지 말아야 한다고 말합니다. 왜 그런지 이유를 알려면, 광학 줌과 디지털 줌의 차이를 알아야 합니다.

▶**참고** **스마트폰에서 광학 줌과 디지털 줌의 차이는 뭔가요?**

줌(zoom)은 멀리 있는 물체를 가까이 당겨서 찍는 것입니다. 스마트폰 카메라에서는 흔히 '디지털 줌'과 '광학 줌'이란 말을 많이 듣습니다. 하지만 이 용어들이 무엇을 의미하는지 구분이 쉽지는 않습니다. 광학 줌이 무엇인지, 디지털 줌이 무엇인지 알아보겠습니다.

❶ 광학 줌

쉽게 말하면, 광학 줌은 DSLR이나 미러리스 카메라에서 물리적으로 렌즈를 앞, 뒤로 움직여서 피사체를 확대 또는 축소하는 것입니다. 렌즈 안에 어셈블리가 초점거리를 앞, 뒤로 변경시킵니다(이것을 가변초점거리라고 합니다). 광학 줌으로 확대된 이미지는 선명한 디테일을 보입니다. 피사체가 확대되어도 이미지 손실 없이 고해상도의 결과물을 얻을 수 있습니다.

광학 줌에서 망원 구간은 피사체 일부분에만 초점이 맞는 매우 얕은 피사계심도를 가집니다. 축소를 하면 초점거리가 줄어들면서 이미지 앞에서부터 뒤까지 선명하게 됩니다. 축소부터 확대까지 다양한 화각을 사용할 수 있습니다.

❷ 디지털 줌

이에 반해 디지털 줌은 카메라나 스마트폰에서 '선택한 부분'의 이미지를 확대하는 방법입니다. 컴팩트 카메라나 스마트폰에서는 구조적인 문제로 렌즈 초점거리를 변경시키는 어셈블리가 없습니다(전문 카메라의 줌 렌즈 크기와 스마트폰 두께를 생각해봐도 알 수 있습니다). 이런 이유로 디지털 줌은 포토샵에서 동일한 크기의 이미지를 계속해서 작게, 더 작게 잘라내는 것과 비슷합니다.

이렇게 잘라진(확대된) 이미지는 선명도가 떨어지고 노이즈 현상이 심해집니다. 스마트폰의 인공지능은 이미지가 확대되면 어떻게 보일지 '상상'하고, 각 렌즈들의 데이터를 결합해서 이미지 해상도를 높여줍니다. 디지털 줌 구간에서는 확대를 해도 렌즈의 초점거리가 변경되지 않습니다. 이미지를 확대해서 보강하는 방식이라 피사계심도에도 영향이 없습니다.

❸ 결론

이미지 화질 저하 없이 선명하고 높은 품질을 유지하려면, 전문카메라나 스마트폰이나 동일하게 광학 줌 범위에서 사용해야 합니다. 광학 줌을 넘어서 디지털 줌 쪽으로 간다면, 차라리 피사체 가까이 다가가서 촬영하는 것이 좋습니다(이런 의미로 영화나 드라마에서 나오는 장면 중, CCTV 화면을 확대해서 선명하게 만드는 것은 거짓말입니다). 말 그대로 '발 줌'이 최고입니다.

아이폰은 망원렌즈의 경우 77mm 화각을 가집니다(아이폰 13). 갤럭시는 망원 1의 경우 10배까지 확대 가능한 230mm 화각을, 망원 2의 경우 3배까지 확대 가능한 69mm 화각을 가집니다(갤럭시 s22). DSLR이나 미러리스를 사용해서 제품 사진을 촬영할 경우 주로 사용하는 렌즈는 90mm 렌즈입니다. 아이폰이나 갤럭시 모두 90mm에는 미치지 못하지만, 광학 줌 범위 내에서 촬영해야 합니다. 이 말은 아이폰이나 갤럭시 모두 3배 줌까지만 사용해야 한다는 것입니다. 그 이상 확대하게 되면 이미지 화질 저하는 막을 수 없습니다.

조명은 어떤 것을 선택해야 하는가?

1 자연광 : 제품 사진 촬영에 가장 좋은 빛은 자연광입니다. 창문으로 들어오는 자연광을 사용해서 제품 사진을 촬영할 때 가장 좋은 결과를 얻을 수 있습니다(물론, 뒤에 나올 반사판이나 디퓨저 등의 소품이 필요합니다). 제품에 따라 정오나 오후 시간대에 야외촬영을 할 수도 있습니다. 자연광이지만 어떤 상황, 어떤 시간대에 촬영할 것인지 고려해야 합니다.

2 순간광 : 자연광을 만들기 위한 인공조명은 순간광과 지속광으로 나눕니다. 순간광은 일반적으로 스튜디오에서 사용되는 조명입니다. DSLR이나 미러리스로 촬영할 때 한 순간에 번쩍이는 빛을 발하는 조명입니다. 지속광에 비해 가격이 비싸고 빛과 그림자 변화를 알 수 없다는 단점이 있지만, 높은 광량으로 선명한 사진을 얻을 수 있어서 전문가들이 많이 사용합니다.

3 지속광 : 지속광은 항상 켜져 있는 전등처럼, 말 그대로 지속되는 빛입니다. 가격이 순간광에 비해 저렴하고 조명에 의한 빛과 그림자 형태를 쉽게 알 수 있습니다. 요즘 나오는 지속광 조명은 화이트밸런스도 조절이 가능합니다. 우리는 스마트폰으로 제품 사진을 촬영하는 것이라서 지속광 조명을 사용합니다.

스마트폰 제품 사진을 위한 촬영 준비물

❶ 삼각대

스마트폰으로 제품 사진을 촬영할 때 손으로 들고 찍어도 괜찮을 것 같지만 전혀 아닙니다. 스마트폰이 알아서 촬영해 주는 자동으로 촬영하다 보면, 빛이 부족한 상황에서는 ISO(이미지 센서의 빛에 대한 감응도)를 높여주기 때문에 이미지 화질이 안 좋아 집니다. 제품 사진으로 사용하자면 ISO를 50-125 사이에서 촬영해야 합니다. 스마트폰에서 이보다 더 높은 ISO를 사용하면 이미지가 깨지는 현상이 나타납니다.

또한 충분한 빛을 확보하기 위해서, 셔터 스피드가 빛을 많이 받아들이는 저속이 됩니다. 저속 셔터 스피드는 스마트폰 뿐만 아니라 DSLR이나 미러리스에서도 흔들림을 유발합니다. 이런 이유로 촬영할 때 삼각대는 필수입니다. 주로 실내에서 촬영할 것이라 비싼 제품이 아니어도 됩니다.

검색창(구글이나 네이버, 또는 가격 비교 사이트인 에누리나 다나와)에 '스마트폰용 삼각대'라고 치시면 다양한 제품이 나옵니다. 이중에서 높낮이 조절이 되는 제품으로 2~3만원 선에서 구매하시면 됩니다. 판매 순위가 높은 것부터 잘 살펴보시기 바랍니다.

❷ 조명

스마트폰에서 사용할 조명이면 지속광입니다. 검색창에서 '지속광 조명'이라고 치시면 다양한 제품들이 나옵니다. 이중에서 소프트박스를 사용하는 제품이면, 소프트박스와 전구, 삼각대를 포함해서 2~4만원이면 됩니다. 소프트박스 크기는 40-60㎝ 또는 50-70㎝ 크기면 됩니다. 소프트박스가 아닌 큐브형 LED지속광도 있는데, 이 LED 조명은 가격이 조금 비쌉니다. 주로 한 등에 8-15만원 정도합니다. LED 2개와 삼각대까지 하면 30만원이나 넘는 가격입니다. 휴대와 조작 편이성이 있지만 가격 대비 소프트박스 조명으로 충분합니다.

소프트박스 지속광 조명, 출처 CF몰

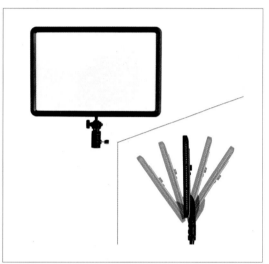

LED 지속광 조명, 출처 유쾌한생각

❸ 배경

제품 사진 촬영을 할 때 배경은 기본적인 흰색을 우선으로 하고 다양하게 선택할 수 있습니다. 배경지 선택은, 검색에서 '단색 머메이드 전지'라고 치시면 다양한 종이가 나옵니다. 이중에서 사이즈 'A0(841×1,189mm, 일명 전지 사이즈)'를 선택하시고 기본인 흰색과 원하는 색상을 주문하시면 됩니다. 장 당 가격은 1,500~3,000원 정도 합니다.

바닥 배경으로 사용할 색상지나 무늬가 있는 바닥재, 촬영용 대리석 등을 구매해서 다양한 연출을 할 수도 있습니다.

❹ 배경 걸이와 클램프

배경지를 선택했으니 배경지를 걸어 둘 거치대가 필요합니다. 검색창에서 'T자형 촬영거치대'라고 치시면 최저 20,000원부터 가격이 형성되어 있습니다. 2~3만 원정도면 충분한 견고함을 보이고 있으니 비교해서 구매하시면 됩니다. 사이즈는 높이 2m×넓이 1.5m 정도면 충분합니다 배경지를 거치대에 걸거나 반사판 등을 고정할 때 사용하는 소품으로는 '클램프'가 있습니다. 검색에 '목공용 집게'라고 치시면 사이즈 별로 나옵니다. 사이즈는 4인치, 6인치 정도면 되는데 개당 가격이 2~3,000원 정도 합니다.

클램프

소형 바이스

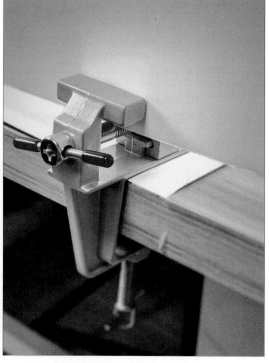

❺ 반사판과 디퓨저

반사판은 제품의 어두운 부분을 밝히는 등 다양한 용도로 사용됩니다. 문구점이나 할인마트에 가서 10T 굵기의 폼보드를 구매하시면 됩니다. 한쪽이 흰색, 반대쪽이 검은색으로 된 양면 폼보드나 흰색, 검은색 단면 폼보드를 구매하시면 됩니다. 사이즈가 10T 보다 얇으면 휘거나 부러지기 쉽습니다. 디퓨저는 강한 빛을 부드럽게 만들어 주는 역할을 하는 용도라 생각하시면 됩니다. 디퓨저는 주로 트레이싱지를 사용합니다. 검색창에 '트레이싱지 A0'라고 치시면 가격은 한 롤에 15,000원 정도입니다. 훼손이나 오염 등의 문제가 생길 수 있으므로 한 롤 구매가 경제적입니다.

반사판이나 디퓨저 등을 사용하실 때 테이블에 고정하기가 쉽지 않습니다. 이럴 때 필요한 소품이 '소형 바이스'입니다. 검색창에 '소형바이스(목공 탁상 고정용)'라고 치면 2-5천원 정도 가격에 다양한 제품이 나와 있습니다. 사용하기 편한 제품으로 2개 이상 구매하시면 됩니다.

01-2 제품 사진 촬영 계획하기

제품별 필요 이미지 및 준비물 리스트 업 하기

❶ 패션 및 잡화

종 류	제 품	필요한 이미지
패션	의류	• 제품을 착용한 전신 및 상반신 컷 • 다양한 의상 코디 컷 • 원단 재질을 보여주는 클로즈업 컷 • 각 부분 디테일 컷 및 누끼 컷 • 주요 부위 마감처리 및 부자재 컷
잡화	가방, 벨트, 신발, 양말, 넥타이, 시계, 선글라스 등	• 제품을 착용한 컷 • 모델 및 연출 컷 • 장식 및 각 부분 디테일 컷 • 클로즈 업 및 누끼 컷 • 수납공간 디테일 및 수납된 연출 컷

❷ 화장품

종 류	제 품	필요한 이미지
화장품	기초	• 제품 전체 컷 및 디테일 컷 • 원료 연출 및 테스트 컷 • 제품 사용 컷 및 누끼 컷
	색조	• 기초화장품 필요한 컷 내용 • 비포/애프터 컷 • 피부에 따른 색상별 발색 컷
	헤어제품, 뷰티용품	• 기초화장품 필요한 컷 내용 • 제품 사용 및 사용 전, 후 연출 컷 • 제품별 특성을 나타내는 컷

❸ 쥬얼리

종 류	제 품	필요한 이미지
쥬얼리	쥬얼리	• 쥬얼리 착용 컷 및 클로즈 업 컷 • 고급스러움을 강조하는 다양한 연출 컷 • 누끼 컷 • 장식 및 부자재 디테일 컷

❹ 원물 및 신선 식품, 가공품

종 류	제 품	필요한 이미지
식품	원물	• 현장에서 촬영된 컷 • 포장지를 벗긴 컷 • 재배 농가, 원산지 라이프스타일 연출 컷
	신선	• 원물 컷 내용 + 누끼 컷 • 요리되는 모습이나 취식하는 연출 컷 • 신선함을 강조하는 컷
	가공	• 원물 + 신선 컷 내용 • 포장하기 전과 포장된 상태 연출 컷 • 제품 크기 비교 컷

❺ 인테리어 소품 및 주방용품

종 류	제 품	필요한 이미지
리빙	인테리어 소품	• 공간 연출 및 배치 컷 • 제품 재질 및 부자재 확인 디테일 컷 • 사이즈 비교 컷 • 사용 전, 후 차이점 비교 연출 컷
	주방, 욕실 용품	• 실제 요리에서 사용되는 연출 컷 • 전체적인 부분을 볼 수 있는 컷 • 사이즈를 확인할 수 있는 비교 컷 • 소재 및 부자재, 원료 등 디테일 컷 • 제품 사용하는 모습 연출 컷

1 어떤 사진이 필요한지 아이디어를 얻고 싶다면 '레퍼런스 사이트'를 활용하는 것입니다.

2 벤치마킹을 통해 시장의 전체적인 흐름을 파악하고 상세페이지 이미지를 분석합니다.

3 제품 사진 촬영은 스마트폰 인물 사진 모드를 적극 활용합니다.

4 제품 사진을 촬영할 때 스마트폰의 줌 기능은 되도록 사용하지 않습니다. 사용한다면 광학줌 범위인 3배까지 확대하는 범위에서 사용합니다.

5 스마트폰으로 촬영하는 제품 사진은 지속광 조명을 사용합니다.

6 스마트폰 제품 사진 촬영을 위한 준비물은 삼각대와 조명, 배경지, 배경지 걸이와 클램프, 그리고 반사판과 디퓨저가 필요합니다.

7 각 제품별 상세 페이지에 필요한 이미지가 어떤 것인지 사전에 계획하고 촬영을 해야합니다.

1 제품을 한 가지 선택한 다음, 상세 페이지에 필요한 이미지가 무엇인지 계획해 봅니다.

2 스마트폰 인물 사진 모드로 제품을 촬영했을 때 피사계심도 차이를 확인합니다.

3 예로 제시된 '필요한 이미지' 외에도 어떤 이미지가 필요한지 구체적으로 적어봅니다.

02 제품 사진 촬영 기본 조명법

1 빛의 성질에 대한 이해와 조명에서의 적용

2 정반사와 난반사에 대한 이해

3 제품 사진 촬영에 주로 쓰이는 조명 방법 숙지

02-1 빛의 법칙

이 단원은 과학에서 이야기하는 빛의 성질이나 특성에 대해서 말하려고 하는 것이 아닙니다. 우리가 오래전 중학교 시절에 배웠었던 빛의 기초적인 성질과 반사에 관련된 부분을 말합니다. 이 부분이 왜 중요하냐면, 제품 사진 촬영을 하는 데 있어서, 자연광을 이용하면 별다른 문제가 생기지 않지만, 실내에서 인공조명을 이용할 때 중요한 문제이기 때문입니다. 빛이 직접 닿는 것인지, 아니면 확산해서 닿는 빛인지 중요합니다. 빛의 반사가 제품 사진에 간섭을 하게 되어 사진 품질이나 선명도에도 영향을 미칩니다.

빛의 성질

1 빛의 가장 기본적인 성질은 '직진성'입니다. 빛은 중간에 간섭하는 것이 없다면 무조건 직진합니다.

2 두 번째는 '반사의 법칙'입니다. 빛이 어떤 물체 표면에 닿게 되면 닿은 빛의 일부분은 반사하게 됩니다. 이때 표면에 닿는 빛을 입사광(입사각), 반사되는 빛을 반사광(반사각)이라고 합니다. 표면이 매끄럽고 평평하다면 입사각과 반사각의 각도는 항상 같습니다. 이것이 '반사의 법칙'이며, 입사각과 반사각이 같은 경우를 '정반사'라고 합니다.

3 하지만 표면이 울퉁불퉁 하거나 고르지 못하다면 입사각은 동일하지만 반사되는 빛은 입사각과 동일하게 반사되지 못합니다. 이러한 빛의 특성으로 인해 우리는 물체를 어느 방향에서나 볼 수 있습니다. 입사각은 동일하지만 반사각이 각기 다른 방향으로 반사되는 것을 '난반사'라고 합니다.

4 세 번째는 '산란'입니다. 산란은 직진성을 가진 빛이 중간에 어떤 물체나 불규칙한 입자들을 만나서, 직진하던 성질을 잃고 다양한 경로로 가는 것을 말합니다. 사진에서 확산광도 산란광의 일종입니다. 예를 들어 구름이 가득한 날, 구름을 통과하고 나오는 빛이 확산광(산란광)입니다. 확산광은 대비가 줄어들고 빛이 부드러워 집니다. 인공조명에서 소프트 박스가 산란광(확산광)을 재연한 것입니다. 건물의 그늘이나 해가 약간 비치는 골목길의 빛은 산란광과 반사광의 성질을 가집니다.

정반사와 난반사

빛의 성질 중에서 제품 사진 촬영을 할 때 가장 신경 써야 할 부분이 '정반사와 난반사'입니다. 직진하던 빛이 물체 표면에 닿았을 때, 입사각과 동일하게 반사되는 것을 정반사라고 합니다. 이 정반사는 빛이 어떻게 카메라 쪽으로 들어오는지 쉽게 파악이 됩니다. 빛이 카메라로 들어오는 방향을 피해서 촬영을 하면 선명한 사진을 얻을 수 있습니다.

하지만 난반사는 표면이 고르지 못한 물체에 빛이 닿았을 때 빛이 어느 방향으로 반사되는지 확인하기 쉽지 않습니다. 난반사 덕분에 어느 방향에서 보든지 동일한 색상이나 재질이 보이지만, 난반사를 신경 쓰지 않고 촬영하다 보면, 카메라로 들어온 빛에 의해 제품 선명도가 떨어지고 사진 품질에 영향을 줍니다. 난반사를 피하려면 난반사가 완벽하게 없어질 때까지 조명을 계속 이동시키며 찾아야 합니다. 어려운 빛에 대한 과학적인 지식은 필요하지 않습니다. 앞으로 계속 이야기 될 난반사를 피해서 제품 사진을 촬영하는 방법을 익히면 됩니다.

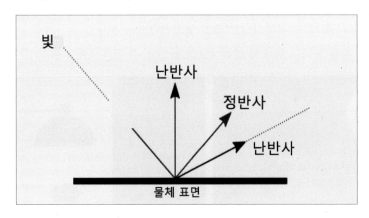

자연광(윈도우 라이팅)

제품 사진 촬영에 가장 좋은 빛은 자연광입니다. 자연광 중에서도 창문을 통해 들어오는 간접광이 제품 사진 촬영에 좋습니다. 빛이 잘 들어오는 창문에 테이블을 설치하고, 창문으로 들어오는 빛을 부드럽게 하기 위해 커튼이나 디퓨저(빛을 확산하는 도구)를 창문 앞에 설치합니다. 시간대는 아침 9시에서 11시 이전, 오후 4시에서 6시 이전의 자연광이 사진 촬영에 좋습니다.

1점 조명 : 머리 위에서 아래로 떨어지는 조명

조명이 한 개 있을 때 효과적인 조명법입니다. 흰색 배경이나 어두운 배경에 모두 사용할 수 있습니다. 단, 조명이 아래쪽으로 기울이도록 조절 가능한 제품이어야 합니다. 전체적으로 빛이 고르게 떨어져 부드러운 사진이 됩니다. 그림자가 약해서 평면적이고 입체감이 떨어지는 느낌이 들 수 있습니다. 작은 제품들을 촬영할 때는 위에서 내려다보며 촬영할 수 있는 'LED 링라이트'도 있습니다.

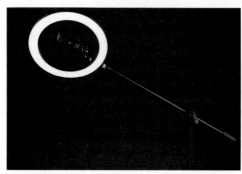
LED 링라이트 : 이미지 출처, 조이트론 온라인몰

1점 조명 : 머리 위에서 아래로 떨어지는 조명

1점 조명 + 반사판

조명이 한 개 뿐일 때 사용하는 또 다른 조명 방법입니다. 조명을 제품 측면(측면광)이나 뒤쪽(역사광)에 다양하게 위치시켜 사용할 수 있습니다. 이때는 조명 반대쪽에 조명이 미치지 못하는 그림자 부분을 메꿔 줄 반사판이 반드시 필요합니다. 제품이 반사가 심하다면 조명 앞에 디퓨저를 사용합니다.

1점 조명 : 측면광+반사판(좌측) / 역사광+반사판(우측)

2점 조명 : 반사 제품을 위한 조명

우리는 빛의 성질에서 물체 표면이 고를 때 입사각과 반사각이 동일하다는 것을 배웠습니다. 조명이 2개일 때 그림에서 보시는 것처럼 조명을 세팅한 후에 그 사이로 촬영하면 반사 제품의 반사를 제거할 수 있습니다. 조명의 위치가 측면으로 더 이동해서 촬영해도 됩니다(단, 제품 윤곽선을 살리는 문제는 조명 방법과 또 다른 문제입니다). 이때 양쪽 조명의 광량은 동일하게 주셔야 됩니다.

반사 제품을 위한 2점 조명법

2점 조명 : 제품 사진을 위한 일반적인 역사광 조명

역사광은 피사체인 제품 뒤쪽 45° 정도 각도에서 비스듬하게 들어오는 빛을 말합니다. 적당한 입체감과 부드러운 빛으로 제품의 질감과 디테일을 살리는 데 좋은 빛입니다. 제품 사진에서 주로 많이 사용하는 빛인데 조명이 2개면 충분히 촬영 가능합니다. 1점 조명에서 반대쪽에 반사판을 두었던 것을, 반사판 대신 보조 조명이 대신하는 것입니다.

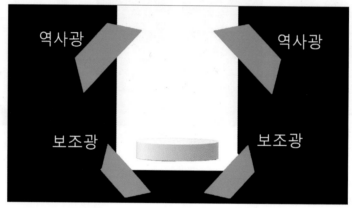

제품 사진에 많이 사용되는 역사광 조명법

3점 조명 : 제품의 전면 디테일을 살리는 조명

반사가 없는 제품이고, 제품의 디테일을 보여주고 싶을 때 사용하면 좋은 조명법입니다. 자연광의 순광 조명과 비슷하다고 생각하시면 됩니다. 정면과 측면 모두 골고루 빛이 비추므로 디테일이 잘 드러나지만 입체감이 떨어져 밋밋하게 보일 수 있습니다.

제품의 전면 디테일을 살리는 3점 조명법

3점 조명 : 투명한 제품의 윤곽을 살리는 조명

투명한 유리 제품이나 용기의 형태를 강조하거나 투명한 내용물을 보여주고 싶을 때 사용하는 조명법입니다. 제품 뒤쪽에서 조명을 카메라 방향으로 45° 정도 향하거나, 피사체 뒤쪽으로 완전하게 이동하는 역광 상태 조명입니다. 역광이나 역사광이므로 앞쪽 어두운 부분을 비추는 보조 조명이 필요합니다. 조명에서 카메라로 들어오는 빛을 조심해서 촬영해야 합니다(반사판으로 조명을 막아줍니다)

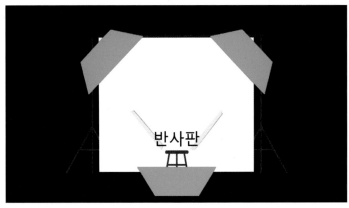

윤곽을 살리는 3점 조명법

3점 조명 : 입체감과 공간감을 살리는 조명

제품을 배경과 분리시켜 입체감과 공간감을 주고자 할 때 사용하는 조명법입니다. 조명 2개를 동일한 광량으로 배경으로 향하게 하고 나머지 한 개의 조명을 제품 전면에서 비춥니다. 배경에 조명이 들어감으로써 입체감과 공간감이 살아나고 제품 정면의 빛으로 인해 디테일이 살아납니다.

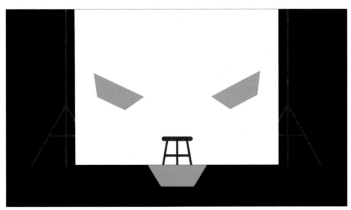

입체감과 공간감을 살리는 3점 조명법

1 빛은 직진성, 반사의 법칙, 산란의 성질을 가집니다.

2 표면이 고른 물체는 빛의 입사각과 반사각이 같습니다.

3 빛의 반사는 정반사와 난반사가 있습니다.

4 제품 촬영에서 난반사는 사진의 선명도와 품질에 영향을 줍니다.

5 제품 사진 촬영에 가장 좋은 빛은 자연광입니다.

6 제품 특성에 따라 다양한 조명방법이 있습니다.

1 한 개의 조명을 가지고 정반사와 난반사되는 제품 촬영을 해봅니다.

2 흰색 배경을 흰색으로 나타내려면 어떻게 조명을 사용해야할지 생각해 보고 세팅해 봅니다.

03 반사판 및 디퓨저, 그림자 소품 만들기

1 제품 사진을 다양하게 만들어 줄 소품들에 대한 이해

2 제품 사진에서 반사판 및 디퓨저, 그림자 역할 이해

사진의 기본은 빛을 알고 이해하는 것부터 시작됩니다. 빛을 안다는 것은 빛의 특성과 성질에 대해서 이해하고 그 빛을 어떻게 사진에 활용할지 안다는 것입니다. 빛의 특성 중에서 반사와 통과, 확산 등이 피사체를 나타내는 데 중요한 역할을 합니다. 이 중요한 세 가지를 우리가 촬영 단계에서 조절할 수 있는 것이 빛을 반사하는 반사판과 빛을 확산하는 디퓨저입니다.

반사판과 디퓨저는 시중에서 판매되고 있는 다양한 제품들이 있습니다(반사판 2만원~ ,디퓨저 4만원~). 하지만 간단하게 직접 제작할 수 있으므로 여기서는 반사판과 디퓨저를 만들어 보겠습니다. 또한 사진에 모던함과 다양한 느낌을 줄 수 있는 그림자 효과를 연출할 소품도 만들도록 해보겠습니다. 반사판과 디퓨저, 그림자 소품에 대한 이해는 제품 사진 퀄리티를 훨씬 높여 줍니다. 물론 인물 사진이나 다른 여러 사진에 응용도 가능합니다.

- **공통 준비물(파트 5_1 구매 참조)**
  - 폼보드 10T 흰색 3장 / 검정색 2장
  - 트레이싱지 (A0 사이즈)
  - 대형 커터칼
  - 자 1개 (50-100㎝ 크기)
  - 양면 테이프
  - 투명 박스 테이프 (대형)

반사판은 말 그대로 빛을 반사하는 도구입니다. 반사판의 주요 목적은 빛이 미치지 못하는 그림자 부분 밝기를 조절하는 것입니다. 보조 조명인 Fill Light를 사용해서 그림자를 살릴 수도 있지만 섬세하게 그림자 부분 디테일을 살리는 데는 반사판이 좋습니다. 반사판은 빛이 다양한 것처럼 다양한 색상으로 사용할 수 있습니다. 하지만 일반적으로 빛을 반사하는 흰색과 빛을 흡수, 차단하는 검은색을 주로 사용합니다. 제품 색상에 따라서 은색이나 금색 반사판을 사용하기도 하는데 잘 못 사용하면 잡스러운 색이 될 수 있어 조심해야 합니다.

반사판은 주 조명(Main Light) 반대편에 위치해야 반사를 제대로 할 수 있습니다. 주 조명이 비추는 방향에 맞춰서 각도를 세밀하게 조절해서 사용합니다. 반사판을 사용할 때 주의할 점은 주 조명 반대편과 각도를 제외하고도 피사체와의 거리가 중요합니다. 그림자 부분 디테일을 얼마나 살릴 것인지 고려해서 반사판을 적당한 위치에 둬야 합니다. 다양한 각도와 거리를 조절하면서 원하는 밝기로 조절합니다.

빛을 반사하는 흰색 반사판

- 폼보드 흰색(두께 10T, 크기 60~90cm)을 1장 준비합니다.
- 대형 커터칼로 폼보드 중간을 (완전히 또는 반만) 자릅니다.
- 잘려진 부위를 투명 박스테이프로 붙여서 연결합니다.

빛을 흡수, 차단하는 검은색 반사판

- 폼보드 검정색(두께 10T, 크기 60~90cm)을 2장 준비합니다.
- 대형 커터칼로 폼보드 중간을 (완전히 또는 반만) 자릅니다.
- 잘려진 부위를 투명 박스테이프로 붙여서 연결합니다.
- 검은색 반사판은 유리 제품이나 투명한 용기, 반사 제품을 촬영할 때 사용합니다.

흰색, 검은색 폼보드

03-2 디퓨저 만들기

빛을 확산하는 디퓨저는 흐린 날 구름을 통과하는 빛을 연상하면 됩니다. 강렬한 빛은 없지만, 구름을 통과한 빛이 부드러운 빛을 만들어 주고, 명암 대비를 약화시켜서 그림자를 부드럽게 만들어 줍니다. 강한 빛으로 인해 생길 수 있는 색의 변질을 막아주고 균일하게 만들어 색 표현을 정확하게 할 수 있습니다.

디퓨저는 주 조명 반대쪽에 위치하는 반사판과 다르게, 광원과 제품 사이에 위치합니다. 광원과 제품 사이에 위치한 디퓨저는 빛을 확산, 산란시켜 더 고르고 부드러운 빛을 만들어냅니다.

- 폼보드 흰색(두께 10T, 크기 60~90㎝)을 1장 준비합니다.
- 폼보드 주변부를 5㎝씩 남기고 대형 커터칼로 안쪽 부분을 도려냅니다.
- 트레이싱지(A0)를 폼보드 사이즈와 동일하게 자릅니다.
- 남아있는 폼보드(디퓨저 틀)에 양면 테이프를 돌아가며 붙입니다.
- 폼보드에 트레이싱지를 붙여주면 디퓨저 완성입니다.

그림자 효과 소품 만들기

사진은 빛의 예술이라고 하지만 빛과 함께 그림자도 중요한 요소라고 말씀 드렸습니다. 제품 사진에 창의적인 요소를 더하는 방법 중에 하나가 그림자를 활용하는 것입니다. 밋밋할 수 있는 제품 사진에 그림자 효과를 더함으로써 빛에 대한 관심을 이끌어 냅니다. 그림자 효과는 빛에서 자연스럽게 제품으로 시선을 이끌어 낼 수 있습니다. 적절한 크기와 다양한 아이디어만 있다면 제품 사진에 그림자 효과를 더해서 모던한 느낌의 제품 사진을 만들 수 있습니다(포토샵을 이용해서 그림자 효과를 만들 수도 있습니다만 우리는 스마트폰으로 모든 걸 해결하려고 합니다).

제품 사진의 그림자 효과 소품 만들기

- 폼보드 흰색(두께 10T, 크기 60~90㎝)을 1장 준비합니다.
- 폼보드 주변부를 10㎝씩 표시해 줍니다.
- 안쪽을 5㎝ 간격으로 표시해 줍니다.
- 대형 커터칼로 안쪽 부분을 도려냅니다.
- 그림자 효과는 창문 느낌의 일자형이나 나뭇잎 모양, 다양한 무늬로 만들 수 있습니다.
- 만든 그림자 소품을 조명 가까이 가면 그림자는 커지고 옅어집니다. 반대로 그림자 소품을 조명에서 멀리 떨어뜨리면 그림자는 작아지고 진해집니다. 적당한 크기와 진하기로 조절해 보세요.

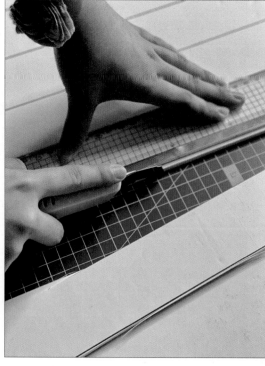

1️⃣ 사진에서 빛을 이해한다는 것은 빛과 함께 그림자를 이해하는 것입니다.

2️⃣ 빛의 반사와 통과, 확산 등이 피사체를 나타내는 데 중요한 역할을 합니다.

3️⃣ 빛을 반사하는 것이 반사판입니다.

4️⃣ 반사판은 빛이 미치지 못하는 그림자 부분 밝기를 조절하는 것입니다.

5️⃣ 반사판은 빛을 반사하는 흰색과 빛을 흡수하는 검은색이 있습니다.

6️⃣ 반사판은 주 조명 반대편에 위치해야 반사를 제대로 할 수 있습니다.

7️⃣ 흐린 날 구름을 통과한 빛이 확산된 것처럼 빛을 확산하는 것이 디퓨저입니다.

8️⃣ 디퓨저는 빛을 부드럽게 하고 명암대비를 약화시키며 그림자를 부드럽게 만듭니다.

9️⃣ 디퓨저는 광원과 피사체 사이에 위치합니다.

🔟 그림자 효과는 제품 사진을 창의적으로 만드는 요소입니다.

1️⃣ 주 조명 한 개로 그림자가 생기도록 반사판 없이 제품을 촬영하고, 반사판을 사용해서 촬영하면서 비교해 봅니다.

2️⃣ 동일한 광량에서 디퓨저를 사용할 때와 하지 않았을 때 밝기 변화를 알아봅니다.

3️⃣ 동일한 조명에서 디퓨저를 사용했을 때와 사용하지 않았을 때 명암 대비와 그림자, 빛의 변화를 살펴봅니다.

4️⃣ 반사판과 디퓨저를 동시에 사용해서 제품 사진 촬영을 해봅니다.

04 흰색 배경 제품 사진 촬영

1 흰색 배경에서 제품 사진 촬영하는 방법에 대한 이해

2 흰색 배경에서 촬영된 제품 사진을 보정하는 방법 이해

04-1 제품 사진의 기본, 밝은 배경 촬영법

제품 사진을 촬영할 때는 흰색 배경을 많이 사용합니다. 흰색 배경을 주로 사용하는 이유는, 제품이 선명해지고 구매 고객들의 시선을 분산시킬 다른 요소가 없기 때문입니다. 흰색 배경에서 촬영된 제품들은 색상이 더욱 선명하고 생생해 보입니다. 자연스러운 그림자가 형성되어 있어서, 제품 배경을 제거하는 누끼 컷과는 다른 느낌입니다.

그런데 제품 사진을 촬영하다 보면 밝은 색, 즉 흰색 배경 표현이 쉽지 않다는 것을 알 수 있습니다. 사진에서 흰색이 많은 부분을 차지하다 보니 카메라가 전체적으로 밝은 것으로 인식해서 생기는 문제일 수도 있고, 제품과 배경과의 거리 또는 조명 방법의 문제일 수도 있습니다. 어떻게 하면 흰색 배경을 흰색으로 나오게 만들 수 있는지, 촬영 단계에서 알아보고 후 보정에서 마무리하는 방법을 말씀 드리겠습니다.

흰색 배경은 제품을 돋보이게 하고, 시선 분산을 막는다

제품 사진을 촬영할 때 흰색 배경을 사용하면, 제품에 시선이 집중되는 효과를 줍니다. 제품을 구매하려는 구매자들이 제품 이외에 시선을 분산시킬 요소가 없어 제품 이미지에 더욱 집중하게 됩니다. 또한 흰색 배경에서 촬영된 제품 사진은 통일된 느낌을 주면서 신뢰감을 높입니다. 깔끔한 느낌을 주는 것은 말할 것도 없습니다.

흰색 배경은 배경을 제거하거나 편집하기가 쉽다

흰색에서 촬영된 제품 사진은 배경을 제거하는 누끼 컷이나 촬영된 이미지를 후 보정하는 작업을 하기 쉽습니다. 누끼 컷을 만들기 위해 일부러 녹색이나 파란색 배경에서 촬영하기도 하지만, 이렇게 촬영된 이미지는 배경 제거 작업을 다시 해야 하는 번거로움이 있습니다. 흰색에서 제품을 촬영하면 촬영 후에 편집할 때 훨씬 쉬워집니다.

04-2 흰색 배경에서 제품 사진 촬영하는 방법

• 준비물 : 흰색 전지, T자형 배경 걸이, 클램프, 테이블, 스카치테이프, 조명 2~3개, 반사판, 높이 조절 가능한 삼각대, 스마트폰

자연광에서 흰색 배경 촬영법

자연광이 사진 촬영에 가장 좋은 빛인 것은 말할 필요도 없습니다. 제품 사진을 촬영할 때 자연광은 직접적인 직사광 보다는 간접광, 즉 창문을 통해서 들어오는 빛이 좋습니다. 창문으로 들어오는 빛 앞에 얇은 커튼으로 디퓨저를 만들 수도 있고, 디퓨저를 사용해서 더욱 부드럽게 만들 수 있습니다. 빛이 창문으로 언제 가장 환하게 들어오는지 파악하고 촬영해야 합니다.

자연광을 사용해서 제품 사진을 촬영할 때는 기본적으로 조명이 하나이기 때문에 보조 조명이나 반사판을 사용해야 합니다. 창문으로 들어오는 빛이 디퓨저로 인해 부드러워 졌다고 해도 강한 그림자를 약화시켜줘야 하기 때문입니다.

조명이 2개일 때 흰색 배경 촬영법

인공광을 사용할 때 조명법은 제품과 배경과의 관계에서 달라집니다. 제품과 배경이 얼마나 멀리 떨어져 있는지 신경을 써야합니다. 또한 조명을 주는 방향을 제품보다 배경에 더 집중해야 합니다. 조명을 제품에 집중시키면 제품은 흰색이 되지만 배경은 회색에 가까워 질 수 있습니다. 빛이 도달하는 거리에 따라 면적은 커지지만 빛의 강도는 약해지기 때문입니다.

❶ 조명 2개일 때 흰색 배경 촬영하는 방법 1

- 조명이 2개일 때 첫 번째 조명 방법은 그림과 같습니다.

- 주조명은 위에서 아래로 비추는 OverHead Light입니다. 이 때 주조명은 제품을 직접 내려 비추지 말고 배경에 빛이 많이 갈 수 있도록 배경 쪽으로 약간 틀어서 비춰야 합니다.

- 카메라가 있는 쪽에서 보조조명을 45° 사광으로 비추고, 보조 조명 반대편에 흰색 반사판을 배치합니다.

- 배경 설치에 주의할 점은, 배경인 전지가 꺾이지 않고 자연스럽게 구부러지게 만들어야 하는 것입니다. 꺾인 배경은 선으로 나타나서 시선을 뺏기므로 후 보정 단계에서 지워야하는 번거로움이 있습니다. 또한 자연스럽게 구부린 배경지가 빛을 고르게 받아 보는 사람의 시선에 영향을 주지 않기 때문입니다.

- 테스트 샷을 촬영해 보고 제품과 배경이 전부 밝고 환하게 나오는지 확인합니다.

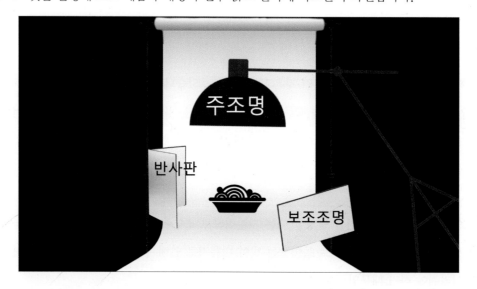

❷ 조명 2개일 때 흰색 배경 촬영하는 방법 2

- 그림과 같이 카메라 좌우로 2개의 조명을 위치합니다.

- 카메라는 제품을 기준으로, 좌측 조명은 조명의 중심이 제품 오른쪽을 향하도록 배경을 비추고, 우측 조명은 조명의 중심이 제품 좌측을 향하도록 배경을 비춥니다.

- 배경 설치할 때 구부러지게 설치하는 것은 이미 설명한 것과 같습니다.

- 테스트 샷을 촬영해 보고 조명 방향을 조금씩 조절해서 제품과 배경이 모두 흰색으로 나오도록 조절합니다.

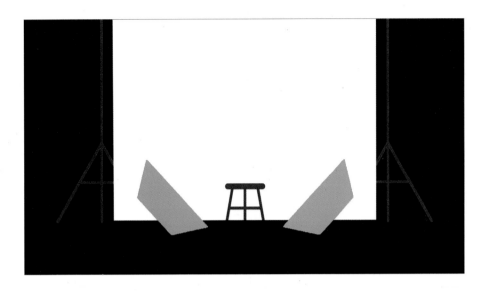

조명이 3개일 때 흰색 배경 촬영법

❶ 조명이 3개일 때 흰색 배경 촬영하는 방법 1

• 그림과 같이 조명 2개를 제품이 놓인 위치에서 배경 방향으로 향합니다.

• 나머지 조명 한 개는 제품 전면부에서 정면으로 제품을 향합니다.

• 배경으로 향하는 조명의 광량이 너무 강하면, 제품에 빛이 들어오는 일종의 '플레어 현상'이 나타 나기 때문에(정확하게는 반사된 산란광이 렌즈로 들어오는 것임) 배경으로 향하는 광량을 너무 강하게 하면 안 됩니다. 제품에 빛이 많이 들어오게 되면 윤곽이 흐려지고 선명도가 떨어집니다.

• 테스트 샷을 촬영해 보고 광량을 조절합니다.

❷ 조명이 3개일 때 흰색 배경 촬영하는 방법 2

- 그림과 같이 조명 2개를 동일한 광량, 또는 주 조명과 보조 조명으로 제품 전면부에서 제품을 향해 비춥니다.
- 또 다른 조명 하나는 제품 뒤에서 배경을 향해 비춥니다.
- 배경으로 비추는 조명은 제품 바로 뒤에 위치해도 되고, 제품 위에서 OverHead Light로 제품을 향해 아래쪽으로 향해도 됩니다. 이때 주의할 점은 2점 조명일 때와 마찬가지로, 조명의 방향이 배경 쪽으로 약간 틀어져야 하는 것입니다. 제품 사진 선명도에 영향을 덜 미치고 배경에 빛을 많이 주기 위함입니다.
- 테스트 샷을 촬영해 보고 광량을 조절합니다.

04-3 흰색을 더욱 흰색답게 보정하는 방법

흰색 배경에서 촬영된 제품 사진이지만 완벽하게 흰색으로 나타나지는 않습니다. 완벽한 흰색을 위해서 후 보정 작업이 필요합니다. 후 보정 작업이라고 해서 아주 복잡하거나 거창하지 않습니다. 이미 설명 드렸던 스냅시드와 모바일 라이트룸에서 몇 개 항목만 조절하면 됩니다. 예제 사진으로 보정해 보겠습니다. 단, 여기 제시된 수치는 조명이나 현장 상황별로 약간의 오차가 있을 수 있습니다. 반드시 직접 조절하면서 색 변화를 느껴야 합니다.

촬영 원본(좌측) / 후 보정 후(우측)

- 촬영된 원본 이미지(필자는 RAW 파일로 촬영)를 모바일 라이트룸에서 엽니다(그림 1).
- '자동'을 먼저 누르고, '밝기' 항목을 눌러 세부적으로 조절합니다(그림 2). RAW 파일을 제대로 사용하려면 수동으로 조절해야 하지만, '자동'으로 누른 다음 각 항목마다 조절해도 상관없습니다.
- 세부 수치 : 노출은 그대로 / 대비 +12 / 밝은 영역 −8 / 어두운 영역 +27 / 흰색 계열 +41 / 어두운색 계열 −40
- 화이트밸런스는 제품이 청색이므로 5,600 보다 낮은 5,400K°(캘빈도) 정도로 조절합니다(그림 3).

그림 1

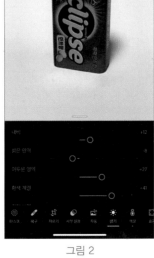

그림 2

그림 3

- 라이트룸에서 사진을 내보냅니다. 스마트폰 기본 편집에서 휘도(+15)와 하이라이트(+19), 밝기 (+27), 블랙포인트(+38)를 조절합니다(그림 4-7). 제품 사진이나 음식 사진은 휘도, 밝기, 블랙 포인트가 전부 (+) 방향으로 이동합니다.

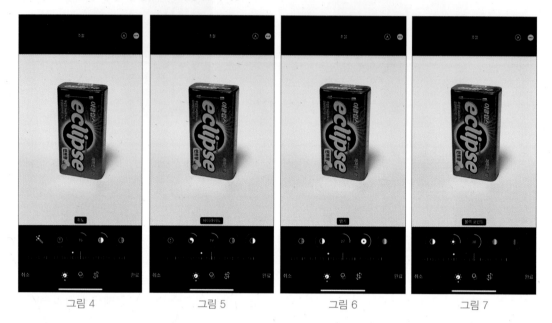

| 그림 4 | 그림 5 | 그림 6 | 그림 7 |

- 원하는 흰색 배경이 살아났지만, 스마트폰 카메라 렌즈 특성상 제품 윗부분에 왜곡 현상이 생겼습니다(그림 8).
- 스냅시드에서 마지막 보정 사진을 불러옵니다.
- 메뉴에서 '원근 왜곡'을 누르고 '자유형식'으로 왜곡을 수정합니다(그림 9).
- '잡티 제거'를 눌러 흰색 바탕에 보이는 먼지를 제거해 줍니다(그림 10).

| 그림 8 | 그림 9 | 그림 10 |

- 후 보정이 끝난 사진을 '내보내기(저장 또는 사본으로 저장)'로 저장합니다.
- 저장은 원본 사진에 덮어씌우는 것이고, 사본으로 저장은 원본은 그대로 둔 채 사본으로 따로 저장하는 것입니다(사본으로 저장하기를 추천합니다).
- 최종 후 보정 결과물이 완성 됐습니다(그림 11).

그림 11 촬영 원본(좌측) / 후 보정 최종 결과물(우측)

1 흰색 배경은 제품을 돋보이게 하고, 구매자의 시선 분산을 막습니다.

2 흰색 배경은 배경을 제거하거나 후 보정을 하기 쉽습니다.

3 제품 사진에 가장 좋은 빛은 자연광이고 간접광일 때입니다.

4 흰색 배경에서 제품 사진을 촬영할 때 제품과 배경과의 거리가 너무 멀어지면, 조명 이 미치는 범위는 넓어지지만 광량이 부족해서 배경이 회색으로 나옵니다.

5 조명이 2개, 3개일 때 상관없이 배경에 충분한 빛이 들어가야 합니다.

6 배경으로 비추는 조명 광량이 너무 강하면 제품으로 빛이 간섭을 하게 되어 선명도 가 떨어지고 뿌연 사진이 될 수 있습니다.

7 흰색을 흰색답게 보정하는 방법은 라이트룸 기준, 대비를 높이고, 흰색 계열과 어두 운 영역을 높여줘야 합니다.

8 완벽한 보정을 위해 스마트폰 기본 편집에서 휘도와 하이라이트, 밝기, 블랙포인트 를 약간씩 (+)쪽으로 조절합니다.

9 스마트폰 카메라 렌즈 특성 상 일어난 왜곡은 스냅시드에서 '원근왜곡'으로 잡아줍 니다.

10 촬영 후 보이는 먼지나 잡티들은 스냅시드 '잡티 제거'로 지워줍니다.

1 자연광을 이용해서 흰색 배경 제품 사진 촬영을 해봅니다.

2 조명이 2개일 때와 3개일 때 흰색 배경 제품 사진 촬영을 하고, 광량 변화를 느껴 봅니다.

3 조명 방향에 따라 배경에 미치는 영향을 살펴봅니다.

4 흰색 배경에서 제품 사진을 촬영한 후 후 보정을 해봅니다.

5 모바일 라이트룸 기본 보정 메뉴를 각각 움직여 변화를 봅니다.

6 스냅시드 기본 메뉴를 익힙니다.

05 어두운 배경 제품 사진 촬영

1 어두운 배경에서 제품 사진 촬영하는 방법에 대한 이해

2 어두운 배경에 촬영된 제품 사진을 보정하는 방법 이해

05-1 제품을 고급스럽게, 어두운 배경 촬영법

제품 사진을 촬영할 때 어두운 색, 즉 완벽한 검은색 배경을 만들어서 제품을 돋보이게 하려면 흰색 배경에서 촬영할 때 보다 더욱 세심한 주의가 필요합니다. 아무리 신경을 써도 작은 빛이라도 배경으로 들어가는 순간 검은색은 회색으로 바뀌기 때문입니다.

빛(조명)은 최소한 사용이 원칙이다

흰색 배경 촬영에서와는 반대로 어두운 색에서 제품 사진을 촬영할 때는 빛을 최소한으로 사용하는 것이 좋습니다. 빛이 풍부하게 되면 배경으로 들어가는 빛으로 인해 완전한 검은색이 표현될 수 없습니다. 스마트폰으로 촬영할 때 자동으로 촬영하게 되면 전체적으로 고르게 촬영됩니다. 반드시 노출 조절을 해야 합니다.

빛은 최소한으로 사용하면서도 제품은 밝게 촬영하는 방법을 알아야 한다

빛을 최소한으로 사용한다고 해서 제품 사진이 어두워야 한다는 것은 아닙니다. 제품 사진은 보는 사람들의 시선을 잡아둘 만큼 밝고 고급스럽게 보여야 합니다.

검은색을 카메라에서 검은색으로 인식하지 못한다

스마트폰 카메라도, DSLR이나 미러리스 카메라도 흰색을 흰색으로 인식하거나 검은색을 검은색으로 인식하지 못합니다. 카메라는 단순하게 밝기만을 측정하기 때문에 밝으면 노출을 줄여주고, 어두우면 노출을 늘려줍니다. 카메라가 표시하는 대로 촬영하게 되면 회색 톤의 사진이 만들어집니다.

제품과 배경과의 거리가 중요하다

흰색 배경에서 촬영할 때는 배경과의 거리가 가까운 것이 좋았지만, 어두운 배경을 살리려면 피사체인 제품과 배경의 거리는 멀어질수록 배경을 어둡게 만들 수 있습니다.

배경으로 사용되는 배경 재질도 중요하다

배경으로 사용하는 배경 재질이 종이 재질일 경우 완전하게 검은색으로 만드는 것이 힘듭니다. 천 재질이거나 폼보드일 경우에는 반사가 덜 되는 검은색 재질일 때 검은색으로 표현하기 쉽습니다. 검은색이더라도 조금이라도 빛을 반사하는 재질이면 완벽한 검은색 표현이 힘듭니다.

05-2 어두운 배경에서 제품 사진 촬영하는 방법

가장자리를 살리는 림(Lim 혹은 엣지, Edge : 테두리) 라이팅

제품 가장자리를 살리는 림 라이팅(혹은 엣지 라이팅)은 어두운 배경에서 제품을 고급스럽게 만드는 조명법입니다.

- 그림은 한 개의 조명으로 테두리를 살리는 림 라이팅을 하는 방법입니다.
- 제품 뒤쪽에 위치한 조명은 제품보다 아래쪽에서 제품을 향해 비춥니다.
- 조명이 제품 보다 아래쪽에 위치하는 것이 어렵다면, 조명을 제품보다 위쪽으로 이동시켜서 배경으로 빛이 가지 않도록 제품 방향으로 비춥니다.

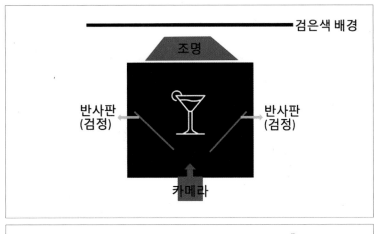

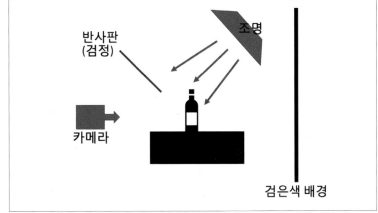

- 주변 빛이나 카메라로 들어오는 빛을 막기 위해 제품 앞쪽에 검은색 반사판을 배치시켜 빛을 차단합니다. 제품을 비추기 위한 반사판 2개, 카메라로 들어오는 빛을 차단하는 반사판 1개, 총 3개의 반사판이 필요합니다.
- 반사판은 제품을 비추는 쪽은 흰색, 바깥쪽은 검은색으로 만들어야 합니다.

조명 2개를 이용한 촬영법 1

조명 2개를 이용한 림 라이팅입니다.

- 2개의 조명을 제품 뒤쪽 양쪽 측면에서 제품방향으로 배치합니다.
- 카메라 앞쪽에 반사판을 설치해서 제품 가장자리에 조명 라인이 생기도록 하고, 빛이 카메라로 들어오는 것을 막습니다.

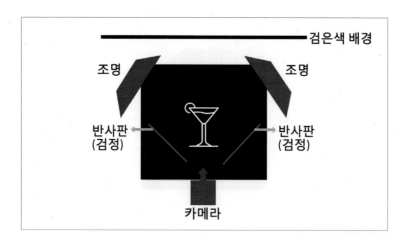

- 조명은 가능한 한 배경을 향하지 않도록 해야 합니다.
- 테스트 샷을 촬영한 후에 조명 방향을 조금씩 변경하면서 가장자리에 생기는 빛의 테두리를 살펴 봅니다.
- 조명 2개를 활용한 림 라이팅 방법은 배경이 흰색일 때도, 제품 가장자리에 테두리를 만들어서 제품 윤곽을 살릴 때 사용합니다.

조명 2개를 이용한 촬영법 2

조명 2개를 활용한 어두운 배경 촬영법 2번째는, 앞서 배웠던 1개 조명일 때 림 라이팅의 응용입니다.

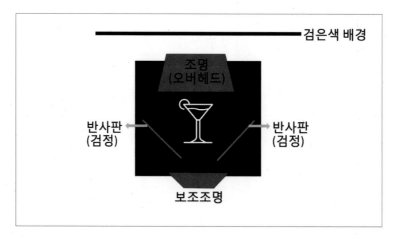

- 앞서 배웠던 1개 조명에서 림 라이팅 측면 레이아웃을 생각하시면 됩니다. 조명은 제품 뒤쪽 위에 서 제품과 카메라 방향으로 비춥니다. 최대한 배경으로 조명이 향하지 않도록 방향을 조절합니다.

- 주변 빛이나 카메라로 들어오는 빛을 막기 위해 제품 앞쪽에 검은색 반사판을 배치시켜 빛을 차단합니다. 제품을 비추기 위한 반사판 2개, 카메라로 들어오는 빛을 차단하는 반사판 1개, 총 3개의 반사판이 필요합니다.
- 반사판은 제품을 비추는 쪽은 흰색, 바깥쪽은 검은색으로 만들어야 합니다.
- 테스트 샷을 촬영해 보고 검은색이 살아나도록 조명 방향을 조금씩 틀어줍니다.

조명 2개를 이용한 촬영법 3

이번에 알아 볼 조명법은 어두운 배경에서 배경도 살리고 제품 사진에 입체감을 더하는 방법입니다.

- 바로 전에 배웠던 주 조명 세팅과 반사판의 위치, 카메라 등은 동일합니다.
- 바로 전의 조명법과 다른 점은, 카메라 쪽에서 피사체인 제품 방향으로 비추던 보조 조명을 배경을 비추는 조명으로 사용하는 차이점이 있습니다.

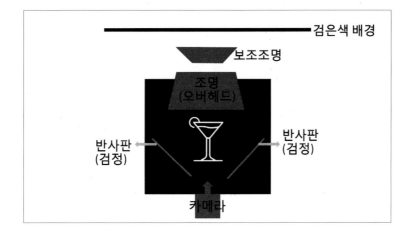

- 배경을 비추는 보조 조명은, 배경의 느낌만 살아나도록 아주 약하게 광량을 조절합니다. 광량 조절이 잘 안되면 디퓨서로 빛을 약화시켜도 됩니다.
- 테스트 샷을 촬영해 보고 제품과 배경이 분리되는 느낌이 나도록 광량을 조절합니다.

어두운 색상을 살리는 보정 방법

완벽한 흰색도 어렵지만 완벽한 검은색은 더욱 어렵습니다. 아무리 신경을 써도 어디선가 빛이 들어와서 완벽한 검은색을 깨뜨리기 때문입니다(그래서 해가 진 어두운 밤에 조명을 전부 끈 상태로 촬영하기도 합니다). 최대한 촬영 단계에서 검은색을 표현하면서도, 조명을 잘 사용해서 투명한 유리 제품을 잘 살려야 합니다. 여기서 제시된 수치는 조명이나 현장 상황별로 약간의 오차는 존재합니다.

촬영 원본(좌측) / 후 보정 후(우측)

- RAW 포맷이 아닌 JPEG로 촬영된 파일을 스냅시드에서 불러옵니다.
- '기본 보정'을 눌러, 다른 항목은 그대로 두고 '대비'를 (+)15, '하이라이트'를 (−)9, '음영'을 (−)5 정도로 사진을 보면서 조절합니다(그림 3).
- 광량이 부족한 상태에서 촬영된 이미지라서 선명도가 떨어지므로, 보정 메뉴 '선명도'를 누릅니다. '구조'를 (+)10 정도로 약간 올리고, '선명도'를 (+)15 정도 올려줍니다(그림 4, 그림 5).
- 유리잔 옆 검은색 반사판을 보정 메뉴 '잡티 제거'로 제거해줍니다(그림 6).
- 보정 완료된 사진을 '내보내기'로 저장합니다.

그림3　　　　　그림4　　　　　그림5　　　　　그림6

06 제품을 살리는 배경 선택

1 제품을 살리는 다양한 배경에 대한 이해

2 제품 사진에 사용되는 배경의 활용 방법 이해

06-1 제품을 살리는 배경의 활용

단순한 배경으로 제품을 강조한다

제품 사진 촬영을 할 때 가장 기본이 되는 배경은, 제품을 살리고 제품에 구매자들 시선을 집중 시킬 수 있는 단순한 배경입니다. 많이 쓰이는 단순한 배경은 '무채색' 배경입니다. 무채색 중에서도 '흰색과 검은색(밝은 색과 어두운 색으로 말할 수 있습니다)' 배경을 사용해서 제품에 집중하도록 만듭니다.

유사색과 보색 배경을 사용한다

❶ 유사색과 보색

사진에서 색은 주제를 강조하거나 주제와 조화를 이루기 위해 사용됩니다. 우리가 말하는 '무지개 색'인 빨강, 주황, 노랑, 초록, 파랑, 남색, 보라가 색상환에서 기본 색상입니다. 사진에서 색을 잘 사용하려면 비슷한 느낌의 유사색과 보색을 잘 이용하는 것입니다. '유사색'은 비슷한 것이 아닌 색상환에서 인접한 색이 정확한 표현입니다. '보색'은 색상환에서 서로 마주보고 있는 색을 말합니다.

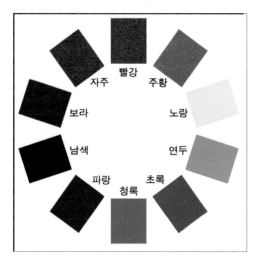

1 유사색과 보색의 의미

색상환에서 보시는 것과 같이 유사색은 노랑의 경우 양 옆의 주황과 노랑이고, 파랑의 경우 남색과 청록입니다. 유사색을 사진에서 잘 사용하면 통일성이 느껴져 사진 느낌이 편안함을 줍니다. 보색은 색상환에서 서로 반대 방향에 있는 색을 말합니다. 빨강의 보색은 청록이고, 파랑의 보색은 주황처럼 반대 방향에 있는 색이 보색입니다. 보색은 사진에서 같이 사용하면 활기찬 느낌을 주거나 강한 인상을 줍니다. 피사체를 강조하거나 주제인 피사체로 시선을 이끌고 싶을 때 보색을 사용하면 됩니다. 보색의 경우 '채도'를 약간 높이면 생생하고 활기찬 느낌을 얻을 수 있습니다.

2 유사색과 보색의 종류

- 유사색은 피사체와 비슷한 색상을 사용하는 것이라고 말할 수 있습니다.
- 유사색을 사용하면 색상 대비가 약하게 느껴집니다.
- 사람의 눈에서 유사색은, 거슬리는 부분이 없이 제품 사진을 보는 사람의 시선을 자연스럽게 제품으로 이동시킵니다.
- 유사색 : 유사색은 색상환에서 서로 인접한 3개의 색을 사용한 구성입니다. 3개의 색을 전부 사용할 수도 있고, 2개를 사용할 수도 있습니다. 색상환에서 빨강의 유사색은 자주와 주황입니다. 파랑의 유사색은 청록과 남색입니다.

유사색 : 자주 빨강 주황   유사색 : 청록 파랑 남색

유사색 : 초록 청록 연두

- 보색 : 보색은 색상환에서 서로 마주보고 있는 색입니다. 하지만 완전하게 마주보고 있지 않아도 보색으로 인정됩니다. 보색을 통해서 뚜렷한 대비를 만들어 낼 수 있고, 제품을 더욱 돋보이게 할 수 있습니다. 보색의 가장 일반적인 색상 기준은 **빨강** 및 **노랑**, **파랑**을 기본으로 합니다.

보색 : 빨강 청록

보색 : 빨강 초록

보색 : 노랑 남색

보색 : 노랑 보라

보색 : 파랑 주황

보색 : 초록 자주

- 보색을 활용한 대비는 제품 사진 촬영(더 크게는 모든 사진 촬영)에서 가장 많이 사용하는 색상 조화 방법입니다.
- 피사체인 제품을 강조하거나 이미지에 매력적인 요소를 추가하고 싶을 때 사용합니다. 보색을 잘 사용하면 사진이 역동적으로 느껴집니다.

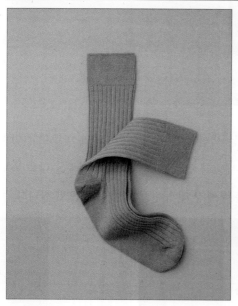

유사색과 보색을 이용한 제품 사진 촬영

1 배경 선택

촬영할 제품 배경을 유사색으로 할 것인지, 보색으로 할 것인지 결정합니다. 어떤 배경을 선택해야 제품이 돋보이는지 고민하고 결정합니다. 주의할 것은, 배경으로 쓰이는 소재가 무늬가 강하거나 질 감이 심하게 느껴진다면, 색상에 상관없이 제품으로 향하는 시선을 뺏는다는 것입니다.

2 부제나 소품이 되는 요소 선택

만약 배경을 단순하게 한다면 주제인 제품에 대비되는 작은 소품이나 부제를 선택해서 구성해 봅니 다. 다양하게 배치해보고 제품에 가장 어울리는 색상을 찾아봅니다. 부제인 요소를 어디에 위치해야 시선을 빼앗지 않고 주제인 제품을 살릴 수 있는지도 고민합니다.

서로 다른 색상의 배경을 섞어서 사용한다

제품 사진을 좀 더 창의적으로 만들고 시선을 끌고 싶을 때는 두 개 이상의 배경을 섞어서 촬영하는 것도 방법입니다. 그림에서 어느 사진이 시선을 더 끌어당기는지 느껴보시기 바랍니다. 배경은 어떤 색을 사용하느냐에 따라서 제품 느낌이 많이 달라집니다.

그러데이션으로 깊이를 강조한다

그러데이션은 밝기가 밝은 부분부터 어두운 부분까지 자연스럽게 넘어가는 것을 말합니다. 미술에서 말하는 '계조'입니다. 뒷부분의 배경과 제품이 있는 앞부분의 밝은 곳까지 자연스럽게 밝기 차이를 만들어서 깊이감을 강조합니다.

파스텔 톤 배경으로 화사한 느낌을 더한다

파스텔 톤 배경을 사용하면 전체적으로 화사하고 밝은 봄날 같은 분위기를 만듭니다. 강렬한 색상으로 시선을 집중할 수 있지만, 파스텔 톤 배경으로 자극을 주지 않으면서 제품으로 시선이 향하게 만듭니다.

대비를 적극 활용한다

대비는 비교되는 두 가지 요소를 말합니다. 밝고 어두움을 비교하는 명암대비, 색의 차이를 비교하는 색상대비, 색상이 가지는 차고 따뜻한 색을 비교하는 한난대비 등 다양한 대비가 있습니다. 대비는 제품 사진 촬영뿐 만 아니라 일반적인 사진에서 가장 많이 사용되는 요소입니다.

색상 보정

간단한 후 보정으로 원본 사진을 먹고 싶은 붉은색으로 바꿔 보겠습니다.

- 스냅시드에서 원본 사진을 불러옵니다.
- '기본 보정'메뉴를 열고 전체적으로 '밝기'를 (+)20 올려줍니다.
- '채도'를 (+)10 올려서 바탕과 고기의 붉은색을 조절합니다.
- 채도와 대비를 같이 조절하는 '분위기'를 (+)25 올려서 전체적인 붉은색을 살립니다.
- '하이라이트'를 (+)20 올려서 접시의 하얀 부분을 살립니다.
- '음영'을 (+)29 올려서 진한 그림자를 약화시켜 대비를 줄여줍니다.
- 여기서 말씀 드리려고 하는 부분은, 촬영된 사진을 후 보정하실 때는 많은 것을 만질 필요가 없다는 것입니다. 후 보정은 최소한으로, 자연스럽게 해야 한다는 것입니다.

촬영 원본

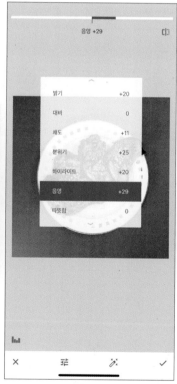
스냅시드/기본보정

후 보정 사진

- 제품을 살리는 배경을 활용하려면
1 단순한 배경으로 제품을 강조합니다.
2 유사색과 보색 배경을 사용합니다.
3 서로 다른 색상의 배경을 섞어서 사용합니다.
4 그러데이션으로 깊이를 강조합니다.
5 파스텔 톤 배경으로 화사한 느낌을 더합니다.
6 대비를 적극 활용합니다.
- 후 보정의 기본 원칙은 '최소한으로, 자연스럽게'입니다.

1 보색과 유사색 배경을 선택해서 제품 사진을 촬영합니다.
2 한 장의 사진 속에 어떻게 하면 대비를 나타낼 수 있을지 연습합니다.

07 투명한 유리 제품 촬영법

1 밝은 배경과 어두운 배경에서 투명한 유리 제품 촬영 방법에 대한 이해

유리 제품, 투명한 유리 제품은 촬영하기 어려운 피사체입니다. 반사도 잡아야 하고 빛을 이용해서 형태도 나타내야 합니다. 조명에 대한 이해 없이 유리 제품 사진을 촬영하게 되면 원하는 결과물이 나올 수 없습니다. 밝은 배경과 어두운 배경, 다양한 촬영 방법을 통해 어떻게 하면 유리 제품 사진을 잘 찍을 수 있는지 알아보겠습니다. 앞 단원(5-4, 5-5)에서 배웠던 밝은 배경과 어두운 배경 조명법을 다시 한 번 상기하시기 바랍니다.

07-1 1개의 조명으로 유리 제품 촬영법

흰색 배경에서 1개의 조명으로 유리 제품 촬영

- 테이블 위에 흰색 아크릴이나 흰색 전지를 깔고 유리 제품을 올려놓습니다.
- 조명은 제품 뒤편에서 카메라와 제품 쪽으로 향합니다. 절대 제품에 조명이 직접 가도록 하지 않습니다.
- 조명 앞에 디퓨저를 배치해서 반사를 잡고 빛을 부드럽게 만듭니다.
- 유리 제품의 형태 라인을 살리기 위해 제품 양 옆으로 검은색 반사판을 설치합니다.
- 테스트 샷을 촬영해 보고 광량과 반사판의 위치를 조절합니다.

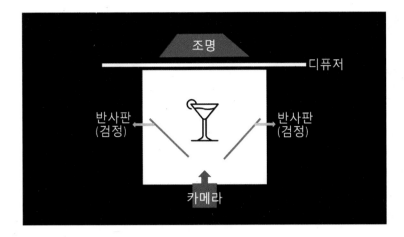

검은색 배경에서 1개의 조명으로 유리 제품 촬영

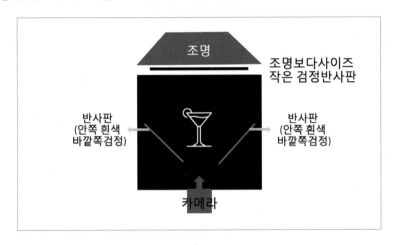

- 테이블 위에 검은색 아크릴이나 검은색 전지를 깔고 유리 제품을 올려놓습니다.
- 조명은 제품 뒤편에서 카메라와 제품 쪽으로 향합니다. 절대 제품에 조명이 직접 가도록 하지 않습니다.
- 조명 앞에 조명보다 크기가 작은 검은색 반사판(배경)으로 소명 일부를 차단합니다.
- 유리 제품의 형태 라인을 밝게 살리기 위해 제품 양 옆으로 흰색 반사판을 설치합니다.
- 테스트 샷을 촬영해 보고 광량과 반사판의 위치를 조절합니다.

2개의 조명으로 유리 제품 촬영법

흰색 배경에서 2개의 조명으로 유리 제품 촬영

- 흰색 바닥과 흰색 배경위에 유리 제품을 올려놓습니다.
- 광량이 동일한 2개의 조명을 배경으로 향합니다. 이때 새어나온 빛이 유리 제품에 영향을 주지 않도록 조명의 방향에 주의하셔야 합니다.

- 테스트 샷을 촬영해 보고 조명 방향을 조절합니다.

검은색 배경에서 2개의 조명으로 유리 제품 촬영 1

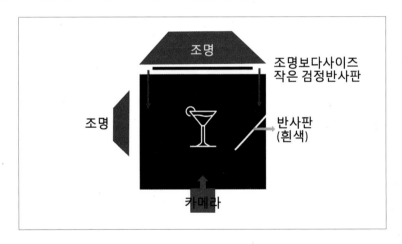

- 검은색 바닥과 검은색 배경위에 유리 제품을 올려놓습니다.
- 조명은 제품 뒤편에서 카메라와 제품 쪽으로 향합니다. 절대 제품에 조명이 직접 가도록 하지 않습니다.
- 조명 바로 앞에 조명보다 크기가 작은 검은색 반사판으로 조명 일부를 차단합니다.
- 광량을 줄인 보조 조명은 제품 측면에서 제품 방향으로 향합니다. 반대편에 흰색 반사판을 설치해서 유리 제품 라인을 살려줍니다.
- 테스트 샷을 촬영해 보고 조명 방향을 조절합니다.

검은색 배경에서 2개의 조명으로 유리 제품 촬영 2

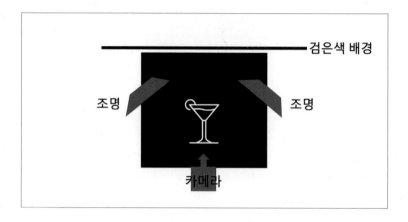

- 검은색 바닥과 검은색 배경에 유리 제품을 놓아줍니다.
- 광량을 줄인 2개의 조명을, 배경 쪽으로 빛이 가지 않도록 빛이 제품 방향으로 교차되도록 향합니다.
- 카메라 쪽으로 들어오는 빛을 차단하기 위해 제품 앞쪽에 검은색 반사판으로 빛을 차단해도 좋습니다.
- 테스트 샷을 촬영해 보고 조명 방향을 조절합니다.

08 음식을 더 맛있게 촬영하는 방법

1 음식사진을 맛있게 촬영하는 방법의 이해

2 음식사진을 위한 조명 방법의 이해

08-1 음식이 맛있게 보이는 각도와 구도를 찾아라

우리가 음식 사진에서 가장 많이 보아왔던 '버즈 아이 뷰(탑 뷰)'가 일반적인 음식 사진 구도입니다. 새가 날아가는 높이에서 본다고 해서 버즈 아이 뷰라 불립니다. 말 그대로 음식을 바로 위에서 수직으로 내려다보듯 촬영하는 것입니다. 웬만하면 음식 사진은 버즈 아이 뷰로 촬영하면 70%는 성공입니다. 위에서 내려다보면서 촬영할 때는 위에서 비추는 조명에 의해 생기는 그림자를 신경 써야 합니다.

또 한 가지 중요한 것이 바로 음식을 촬영하는 각도입니다. 대부분의 음식 사진은 위에서 내려다보면서 촬영하면 성공이지만 거기에 각도까지 신경 쓴다면 더욱 좋습니다. 화려한 플레이팅의 양식이나 디저트 등은 위에서 내려다보는 구도가 좋습니다. 하지만 고기나 단면이 잘린 샌드위치 등 질감이 있는 음식이라면 촬영하는 각도가 중요합니다. 바로 위에서 보는 것이 아닌 내가 앉아있는 눈높이에서 바라보는 각도가 촬영하기에 좋습니다.

버즈아이 뷰

사이드 뷰

그릇이 평평한 것이 아닌 깊이가 있다면 이럴 때도 45° 정도의 촬영 각도가 좋습니다. 음식 전체를 보여 줄 것인지 아니면 음식 한 부분을 강조할 것인지에 따라 각도가 달라져야 합니다. 음식을 내가 바라보는 정면이나 낮은 각도에서 촬영하는 것은 피해야 합니다. 먼저 음식 전체나 일부분을 위에서 촬영하고 내가 앉아서 바라보는 45° 각도로 한 장 더 촬영합니다. 물론 빛이 비추는 방향을 신경 쓰면서 촬영합니다.

08-2 빛이 음식을 비추는 방향을 파악해라

좋은 빛, 혹은 밝은 빛은 음식 사진의 질감과 색상을 살리는데 아주 중요합니다. 빛은 어느 방향에서 비추고 있는지, 나는 음식의 어떤 부분을 보여주고 싶은지 결정해야 합니다.

음식 사진에는 부드러운 확산광이 좋다

거친 그림자를 방지하고 음식이 맛있어 보이려면 부드러운 확산광이 좋습니다. 부드러운 빛이 들어오는 자리는 카페나 식당에서 빛이 들어오는 창가 자리나 밝은 조명이 은은하게 비추는 자리입니다. 빛이 확산되지 않고 강하게 비추면 음식 사진이 거칠어지고 그림자도 심해집니다.

순광보다는 사광과 역사광이 좋다

정면에서 비추는 순광은 음식의 질감을 떨어뜨립니다. 음식이 부드럽고 맛있어 보이게 하려면 사광이나 역사광을 사용해야 합니다. 사광, 옆에서 비추는 빛은 음식의 질감과 밝은 느낌을 살립니다. 피사체의 뒤 45°에서 카메라쪽으로 비추는 역사광은 음식을 더욱 신선하고 생기 있어 보이게 합니다.

역광과 사광이 섞인 역사광의 경우 질감과 신선함이 가장 잘 느껴지는 빛이라 할 수 있습니다. 모락모락 올라오는 김을 촬영하려면 어두운 배경을 골라 역사광으로 촬영하면 됩니다.

사광 음식 사진

08-3 인물 사진 모드를 활용해 음식을 강조하고 배경을 분리시켜라

굳이 음식 전체를 스마트폰 화면에 담으려고 애쓰지 않아도 됩니다. 음식이 맛있어 보이는 것에만 집중해서 가까이 다가가도 됩니다. 이럴 때 필요한 것이 인물 사진 모드입니다. 인물 사진 모드를 활용하면 음식과의 거리가 훨씬 가까워집니다. 거리가 가까워지면서 질감이 살아나고 인물 사진 모드 특성 상 배경 흐림 효과가 살아납니다. 피사계심도가 얕아 지면서 주제인 음식에 더욱 집중할 수 있게 됩니다.

음식을 포크나 젓가락으로 들어 올려 촬영할 때도 인물 사진 모드로 촬영하면 주제가 살아납니다. 이때는 촬영하는 각도가 위나 45°가 아닌 측면이나 정면이면 좋습니다. 한 가지 주의할 점은 버즈 아이 뷰로 촬영할 경우 인물 사진 모드로 촬영하면 안 됩니다. 위에서 내려다보는 버즈 아이 뷰는 전체적으로 선명할 때 음식이 맛있고 화려해 보입니다. 인물 사진 모드로 촬영하면 피사계심도가 얕아져 초점이 맞은 부위만 살아나기 때문입니다.

버즈 아이 뷰로 촬영하기 어색하거나 전체적인 음식과 그릇 배치가 마음에 들지 않는다면 과감하게 다가가야 합니다. 인물 사진 모드와 함께 접사 모드(근접 촬영)로 촬영하면 또 다른 느낌을 주는 사진이 됩니다.

08-4 화이트밸런스 조절로 음식의 색을 살려라

사람들이 식욕을 느끼는 색상이 붉은색과 주황색, 노란색 같은 따듯한 색들이라고 합니다. 음식 사진을 촬영할 때 실내조명이 붉은색 계열이라면 자동으로 촬영해도 좋습니다. 그렇지 않다면 스마트폰 화이트밸런스를 수동으로 조절해서 수치가 높은 쪽(10,000 방향)으로 이동해서 촬영합니다. 음식 사진에 붉은색이 돌게 만들어야 합니다. 푸른색이 도는 음식 사진은 맛있게 보이지도 않고 식욕이 떨어져 보입니다.

음식 사진을 위한 조명법

음식 사진을 위한 조명방법은 다양하게 있습니다. 여기서는 음식의 질감을 살리고 디테일을 잘 보이게 하는 조명법인 측면광 조명과 역사광 조명법을 알아 보겠습니다.

측면광을 이용한 음식 사진

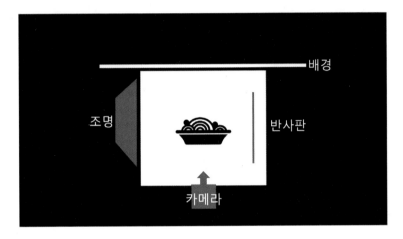

- 측면광을 이용한 조명법은 창문으로 들어오는 햇빛을 인공조명으로 표현한 것이라고 생각하면 쉽습니다.
- 조명을 음식 측면 방향으로 배치하고 반대편에 흰색 반사판을 설치합니다.
- 좀 더 부드러운 광질을 원하면 조명 바로 앞에 디퓨저를 설치해도 좋습니다.
- 카메라 앵글은 정면 45°를 기본으로 다양하게 촬영 해봅니다.

역사광을 이용한 음식 사진

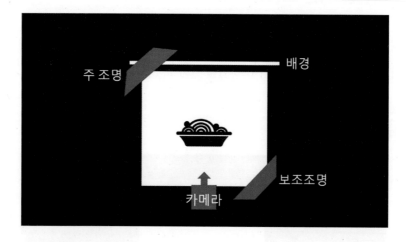

- 역사광 조명은 제품의 입체감과 질감을 살리는 데 좋은 조명입니다.
- 주 조명을 음식 뒤편 45° 위쪽에서 아래로 내려 비추도록 향합니다.
- 주 조명과 대각선으로 반대되는 위치에 보조 조명을 배치합니다.
- 마찬가지로 다양한 앵글로 촬영해 보고 가장 좋은 각도를 선택합니다.

1 음식이 맛있게 보이는 각도와 구도를 찾아야 합니다.

2 빛의 방향을 파악해야 합니다.

3 스마트폰 인물 사진 모드를 활용해서 음식을 강조하고 배경을 분리합니다.

4 화이트밸런스 조절로 음식의 색을 살려야 합니다.

5 음식 사진을 위한 조명법은 측면광과 역사광이 좋습니다.

1 측면광을 이용해서 음식사진을 다양한 앵글로 촬영합니다.

2 역사광을 이용해서 음식사진을 다양한 앵글로 촬영합니다.

09 제품 사진별 촬영 방법 분석

1 제품별 다양한 조명법과 세팅, 촬영 방법에 대한 이해

09-1 육류 제품 촬영법

- 육류 제품 사진을 촬영할 때 주의할 점은 신선도와 맛입니다. 이런 이유로 육류 제품 촬영할 때 육류는 보관을 잘 해야 합니다. 냉장고에 서로 겹치게 보관하면 안 됩니다. 생고기가 아니라면 사진을 촬영하기 전에 충분히 녹인 후 촬영해야 합니다.
- 고객의 시선을 끌려면 육류에서 기름기가 많거나 못 생긴 부분은 제거해줍니다.

- 육류 자체가 색도 화려하고 질감이 풍부하므로 배경은 단순한 색이 좋습니다.
- 익힌 상태에서 촬영하려고 한다면, 육류를 완전하게 익히는 것은 안 좋습니다. 육류가 완전하게 익으면 색 자체가 어둡고 칙칙한 느낌이 들어 식욕을 떨어뜨리기 때문입니다.
- 조명 방법은 아래 그림과 같이 역사광 조명을 사용했습니다. 제품 뒤쪽 45° 각도에서 육류 제품 방향으로 비춥니다. 육류 질감을 살리고 조명을 1개만 사용함으로써 고급스러움을 더했습니다.

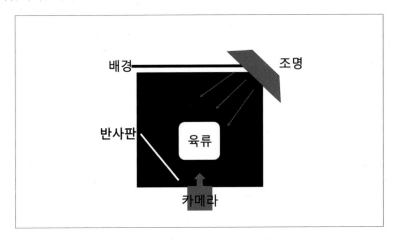

- 조명 반대편에 흰색 반사판을 설치해서 어두운 부분이 너무 묻히지 않도록 살려줍니다.
- 육류 제품은 촬영 준비가 완료된 상태에서 최대한 빠르게 촬영하는 것이 신선도를 유지하는 방법 입니다. 만약에 시간이 지체된다면 고기가 신선한 느낌이 떨어지게 됩니다. 이때는 약간의 트릭으로 고기 표면에 식용유를 조금 바르는 것도 요령입니다.
- 상세 페이지를 위해서는 고기를 손질하는 단계부터 요리를 한 후까지 전부 촬영할 필요도 있습니다.

09-2 아보카도 촬영법

- 아보카도를 촬영한 이 사진은 조명 1개(+반사판이나 보조 조명 추가)를 사용해서 촬영한 것입니다.
- 이 촬영 방법에서 중요한 것이 조명의 위치인데, 조명은 제품 전체를 덮는 크기로 제품 뒤에서 카메라 방향으로 비스듬하게 비춥니다. 조명은 카메라에 들어오지 않는 한에서 최대한 제품에 가까이 다가와야 합니다. 최대한 가까이 다가온 빛이 부드러워지기 때문입니다. 이때 이미 배웠던, 입사각과 반사각의 빛이 카메라에 들어오지 않도록 앵글을 잘 조절합니다.

- 아보카도를 절단한 후 배경과 접시, 소품으로 쓰인 천을 유사색으로 통일 했습니다.
- 카메라 쪽에 아보카도 어두운 부분을 밝혀 줄 보조 조명이나 반사판을 배치합니다.
- 카메라 위치를 눈높이보다 더 높은 위치(하이 앵글)로 이동시켜 촬영합니다.

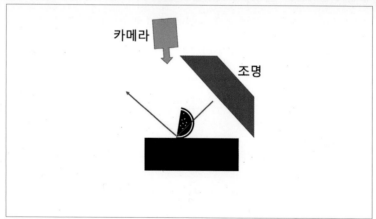

당근 촬영법

- 깨끗이 세척한 당근을 갈색 목재 도마 위에 놓습니다.

- 제품 측면에서 제품 방향으로 조명을 비춥니다. 도해에서 보시는 것처럼 조명은 제품과 직각이 되도록 해주시고 가까이 들어와야 합니다.

- 조명 반대편에는 흰색 반사판을 배치합니다. 반사판은 디테일을 살리는 데 거리가 중요하니까 왔다갔다 하면서 반사를 조절합니다.

- 카메라는 탑 뷰까지는 아니지만 하이 앵글로 촬영합니다.

- 조리개를 너무 열어서 피사계심도가 얕아지는 것을 조심해야 합니다.

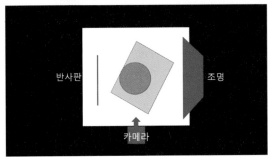 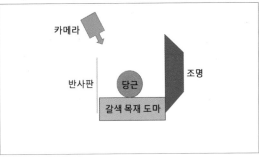

당근 촬영 : 윗면 도해(좌측) / 측면 도해(우측)

09-4 김치 촬영법

- 포기김치 전체를 보여주는 컷 이외에 상세 페이지에 들어갈 연출사진입니다.

- 바닥에 러그를 깔고 그릇에 김치를 가지런히 담습니다. 그릇에 혹시라도 양념이 묻어나면 휴지로 깔끔하게 정리합니다.

- 주 조명은 제품 뒤쪽 45° 각도에서 제품 방향으로 비춥니다. 대각선 반대 방향에는 보조 조명을 배치합니다. 흰색 반사판을 가까이 배치할 수 있지만 카메라 앵글에 들어 올 확률이 높아 보조 조명으로 어두운 부분을 비춥니다.

- 카메라 위치는 반사되어 나오는 빛을 피해 내가 앉아 있는 높이에서 촬영합니다.

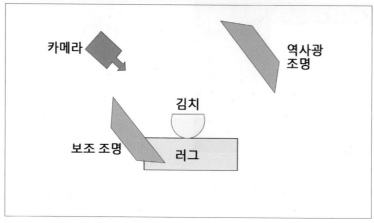

- 제품을 중앙에 배치하지 않고 디자인 요소를 생각했습니다.

- 귤과 레몬의 단면이 비교될 수 있도록 패턴을 유지하면서 배치합니다.

- 조명은 역사광 조명입니다. 주 조명 앞에 디퓨저를 배치해서 그림자를 부드럽게 만듭니다. 잘려진 과일들의 높이가 낮으므로, 보조 조명 각도를 완전 대각선으로 배치하지 않고 수직으로 조금 세워서 배치합니다.

- 동일한 이유로 카메라 위치도 탑 뷰(버즈 아이 뷰)로 촬영합니다.

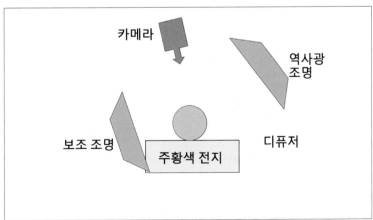

- 용기에 담긴 피망이 광택이 나도록 깨끗이 닦아서 놓습니다.
- 주 조명은 머리 위에서 비추는 OverHead Lighting입니다.
- 주 조명은 제품 위에서 아래로 비춥니다. 제품 앞면 카메라 쪽에 흰색 반사판을 설치 합니다. 반사판은 카메라 앵글에 걸리지 않도록 잘 조절합니다.
- 카메라는 입사광으로 들어 온 빛이 반사되어 나가는 각도를 피해서 앵글을 잡습니다.
- 스마트폰 인물 사진 모드로, 중간 부분에 있는 피망에 초점을 맞춰 피사계심도를 깊게 만들어 줍니다.
- 초록의 단조로움을 피하기 위해 보색인 빨강 피망을 배경으로 배치합니다.
- 배경이 제품에서 너무 멀어지면 색이 진해지므로 적당한 거리를 조절합니다.

쌀(가공) 촬영법

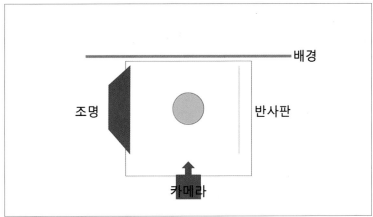

• 제품 느낌을 살리기 위해 흰색 바탕에 주황색 계열 배경을 사용했습니다.

• 주 조명은 카메라 왼쪽에서 측면광으로 배치합니다. 반대편에는 흰색 반사판을 설치합니다. 이때 주의할 점은 주 조명이 배경까지 밝게 만들어야 하므로, 배경에 가깝고 제품에 가까이 배치합니다. 반사판도 배경으로 빛이 많이 가도록 하기 위해 배경 쪽으로 최대한 붙입니다.

• 반사판 배치 거리로 그림자 진하기를 조절해서 질감과 입체감을 살립니다.

• 카메라는 눈높이 보다 약간 낮은 앵글에서 촬영, 입체감을 살립니다.

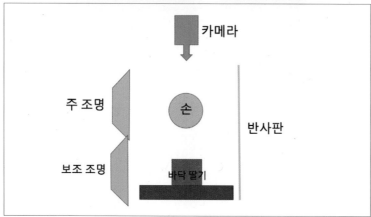

- 포크를 쥐고 있는 손과 바닥에 있는 딸기를 비추기 위해 2개의 조명이 필요합니다.
- 손을 비추는 조명이 주 조명입니다. 바닥에 있는 딸기를 비추는 조명이 보조 조명입니다. 보조 조명은 주 조명보다 광량을 조금 줄여줍니다.
- 손이 너무 어둡게 나오면 시각적으로 안 좋으니까 조명 반대쪽에는 흰색 반사판을 배치합니다.
- 스마트폰 인물 사진 모드를 활용, 앵글을 탑뷰(버즈 아이 뷰)로 촬영합니다.

쥬얼리 제품(보석, 시계) 촬영법

검은색 배경일 때

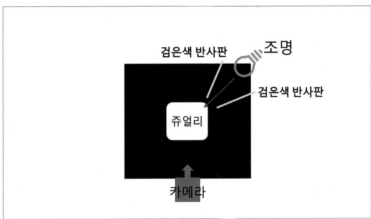

흰색 배경일 때

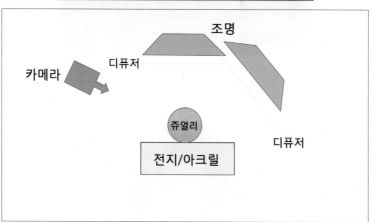

- 쥬얼리 제품 촬영을 할 때 스마트폰 카메라는 아이폰(2.5~3배), 갤럭시(10배) 모두 광학 줌 범위 내에서 촬영합니다. 디지털 줌으로 촬영하게 되면 화질 저하 현상을 막을 수 없습니다.

- 광학 줌으로 클로즈 업 했을 때는 반드시 삼각대를 사용합니다. 삼각대의 사용은 흔들림을 방지하고, 촬영할 때 각도와 원근감을 일관되게 유지할 수 있습니다.

- 특별한 이미지 구성을 제외하고는 밝은 배경을 사용합니다. 흰색 배경은 배경을 제거하기에도 편리합니다.

- 피사계심도를 어떻게 할 것인지 결정하고 촬영합니다.
- 빛 반사에 주의해서 촬영합니다. 디퓨저를 사용하던지 라이트 박스를 이용해서 반사를 잡아줍니다.
- 모델이 착용한 쥬얼리 제품은 구매자의 시선을 끌 수 있는 방법입니다.
- 전체를 촬영했다면 디테일 컷 또한 촬영합니다.

09-10 의류 제품 촬영법

의류 제품의 경우에는 마네킹과 같은 사실적인 착용 사진이 좋습니다. 옷을 입었을 때 옷이 어떻게 보이는지 쉽게 알 수 있다면 구매로 이어질 확률이 높기 때문입니다. 하지만 마네킹을 사용하거나 모델이 옷을 입을 수 없다면, 가장 효율적인 촬영 방법은 옷을 바닥이나 벽에 걸고 촬영하는 것입니다.

- 의류 제품 촬영을 할 때는 옷의 작은 디테일에 신경을 써야 합니다. 제품을 보는 사람들은 착용 샷을 볼 수 없기 때문에 구매로 이어지는 것이 어려울 수 있습니다. 이런 상황에서 옷의 작은 디테일에 신경을 쓰고, 질감 등을 느낄 수 있게 촬영하는 것이 중요합니다.
- 옷에 얼룩이 없는지, 소매나 끝단에 실 같은 것이 삐져나와 있지 않은지 살피고, 구겨짐에도 신경을 써야합니다.
- 전체 이미지를 촬영한 후에 디테일 컷으로 의류 각 부분을 보여줍니다.

의류의 질감을 살리는 조명법

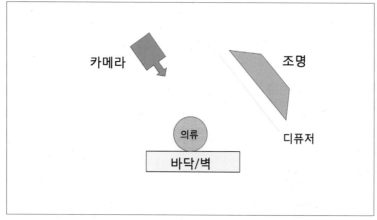

- 물체의 질감을 살리는 빛은 옆에서 비스듬히 비추는 빛입니다. 사광이거나 사광보다 각도가 더 좁아지는 빛이 질감을 살리기에 좋습니다.
- 조명을 그냥 비춰도 되지만, 조명에 가까운 부분과 조명에서 멀리 있는 부분의 밝기 차이가 날 수 있으므로 조명 앞에 확산판(디퓨저)를 두는 것이 고른 빛을 얻기에 좋습니다.
- 카메라 위치는 조명에서 비추는 빛이 렌즈 안에 들어오는 것을 방지하는 각도에 위치해야 합니다.

전체와 디테일 촬영을 위한 조명법

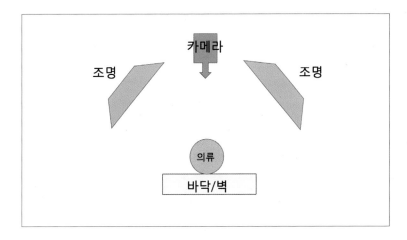

- 의류 제품 전체를 보여주기 위해서, 조명이 하나일 경우에는 카메라 쪽에 위치합니다. 두 개의 조명을 사용할 경우에는 카메라 양 옆에서 조명이 교차되도록 제품을 향해 비춥니다.
- 이때 조명의 광량은 동일해야 합니다.

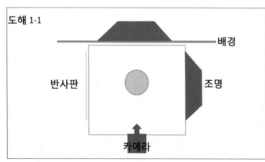

도해 1-1

배경
반사판
조명
카메라

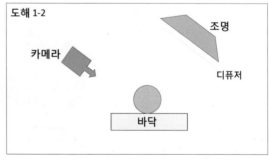

도해 1-2

조명
카메라
디퓨저
바닥

- 예시 사진에서와 같이 음료의 색과 대비되는 색을 사용하면, 사진에 흥미와 생동감을 더할 수 있습니다.
- 조명 도해 1-1에서와 보이는 것처럼, 메인 조명은 측면에서 비추는 조명입니다. 조명 반대쪽에는 반사판을 설치, 그림자를 부드럽게 만들고 유리잔을 빛나게 할 수 있습니다. 반사판의 설치 거리가 그림자를 부드럽게 만들 것인지, 진하게 만들 것인지를 결정합니다. 메인 조명에 의해 일어난 유리잔의 조명 반사는 생동감을 살리기 위해 디퓨저 없이 촬영했습니다.

- 도해 1-2에서 보시는 것처럼, 음료 뒤에서 비추는 역광 조명은 음료를 투명하게 보이게 합니다. 이때 역광 조명에는 디퓨저를 앞에 설치해서 빛을 부드럽게 만들어 줍니다. 주의할 점은 역광에서 비춘 빛이 카메라에 바로 들어오는 반사 각도를 피해서 촬영해야 합니다.

- 과일 쥬스나 와인 등, 색깔 있는 음료를 촬영할 때는, 원 제품 그대로 촬영하게 되면 색상이 너무 어둡게 되고 탁한 느낌이 들게 됩니다. 이럴 때 촬영 팁은, 비슷한 색을 낼 수 있는 식용 색소를 사용하거나 물을 섞어 투명도를 높이는 것입니다. 차가운 음료를 촬영할 때 얼음의 경우에도 녹아 내리는 실제 얼음을 사용할 것이 아니라, 가짜 얼음을 사용합니다. 유리잔에 맺히는 물방울은 가까운 약국이나 화장품 판매점에서 '식물성 글리세린'을 구입해서 물방울을 만들어 주면 됩니다.

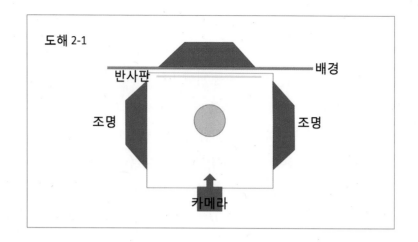

도해 2-1

반사판

배경

조명

조명

카메라

- 앞에서 말씀 드렸지만, 역광이나 역사광 조명은 음료 사진 촬영에 좋은 조명입니다. 하지만 역광의 맞은편인 카메라 쪽에 조명을 설치할 수 없는 경우에는 음료 뒷부분이 너무 밝아집니다. 이런 현상을 해결하기 위해서 양 옆에 조명을 설치해 줍니다. 메인 조명이 되는 역광(역사광) 조명 보다 약한 광량으로 음료 양 옆에서 조명을 비춰야만 그림자가 이중으로 생기지 않고 깔끔한 사진이 됩니다.

- 유리 제품에 들어 있는 음료를 촬영하다 보면, 유리 제품의 특성 상 촬영하는 공간의 모든 것이 유리에 반사되어 보입니다. 촬영하는 촬영자의 모습과 스마트폰도 당연하게 보입니다. 이를 해결하는 방법은 폼보드를 사용해서 스마트폰 카메라가 노출될 만큼의 구멍을 뚫어서 사용하는 것입니다. 스마트폰 카메라 노출이외에는 아무것도 보이지 않으므로 유리에 반사되는 부분이 없어집니다. 또한 유리잔을 자세히 살펴보고 반사되는 부분이 있으면 그 방향에 폼보드를 설치해 주면 됩니다.

- 단순하게 제품만을 촬영하기 보다는, 사람의 손이나 소품을 사용해서 스토리를 만들어 주는 것도 사진을 풍부하게 만들어 주는 방법입니다.

가죽 제품 촬영법

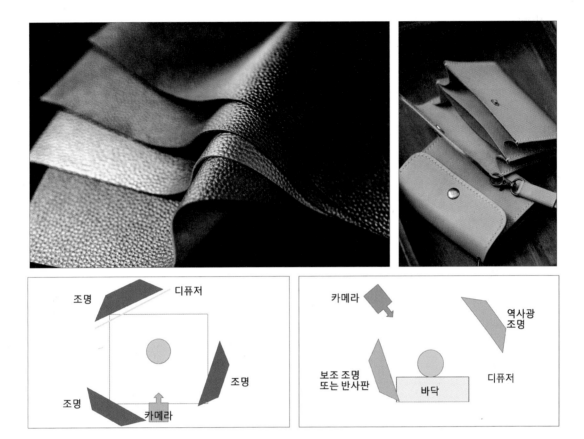

- 가죽 제품을 촬영하는 기본적인 조명 방법은, 메인 조명이 제품의 뒤쪽 윗부분에서 비추는 조명입니다. 조명 도해 윗부분에서 보시는 것처럼, 메인 조명이 제품 뒤쪽 윗부분에서 가죽 제품을 비춥니다. 가죽 제품의 질감을 살리기 위해 카메라 쪽에 보조 조명을 설치하고 메인 조명에서 생긴 진한 그림자를 부드럽게 만들기 위해 메인 조명 반대쪽에 보조 조명을 하나 더 설치합니다. 조명이 없을 경우에는 그림자 진하기를 살펴보면서 반사판을 설치합니다.

- 첫 번째 도해에서 메인 조명 앞에 디퓨저를 설치하는 이유는, 반사되는 다른 제품을 촬영할 때와 마찬가지로 거친 질감과 그림자를 줄이기 위해서입니다. 조명이 강할 경우 질감도 단단해 보이지만 그림자가 진해집니다. 가죽제품의 디테일을 표현하고 부드러움과 소프트한 그림자를 위해서는 확산광이 좋습니다.

- 메인 촬영을 처음과 같이 했다면, 가죽 표면의 느낌과 디테일을 보여주기 위해서 스마트폰 카메라 위치를 90°에 가깝도록 각도를 만들고 광학줌 범위에서 확대 촬영합니다.

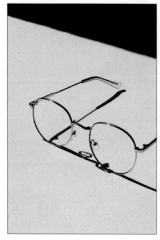
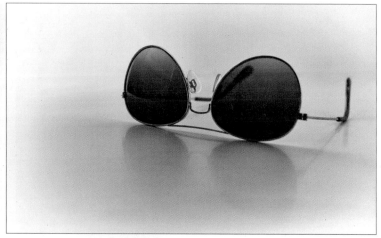

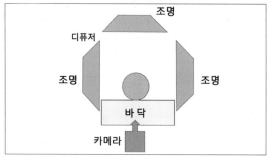

- 안경이나 선글라스 등을 촬영할 때 가장 중요한 점은 반사입니다.

- 그 다음으로는 안경이나 선글라스의 디테일이 가장 잘 드러나는 각도를 선택해야 합니다. 렌즈, 렌즈 색상, 안경테, 장식물 등 고객에게 가능한 한 많은 정보를 제공해야 합니다.

- 안경, 선글라스를 위한 기본적인 조명법은, 제품의 바로 위에서 비추는 조명방법입니다. 이때 메인 조명이 되는 윗부분의 조명은 카메라 방향에서 봤을 때 조명 반사가 보이지 않도록, 바로 정중앙 위에 위치하는 것 보다 약간 뒤쪽에서 아래로 비춰야 합니다.

- 전체적으로 고른 디테일을 위해서 제품 양옆으로 보조 조명을 설치합니다.

- 메인 조명이나 한쪽 보조 조명을 강하게 해서 의도적으로 그림자를 만들어 줄 수 있습니다. 바닥으로 사용하는 재질을 아크릴을 이용해서 반영 효과를 만들어도 됩니다.

- 조명에 의한 반사를 잡기 힘들면, 앞서 소개한 라이트 박스를 이용해서 촬영할 수 있습니다.

한 권으로 끝내는 스마트폰 사진강의 [2판]
구도와 사진촬영, 보정법
채수창 저 | 272쪽 | 16,500원

1일 만에 끝내는
유튜브 왕초보 탈출과
스마트폰 영상 촬영+편집
채수창 저 | 204쪽 | 15,000원

한 권으로 끝내는
영상기획/촬영/편집/제작
with 프리미어 프로[2판]
신재호 저 | 544쪽 | 23,000원